ヒップホップ・クロニクル

ヒップホップ・クロニクル

――時代を証言するポピュラー文化

金澤智

水声社

目次

Ⅳ　ヒップホップ・ムスリム

イントロダクション

一九九六年九月十三日にあなたは何をしていたか。『ヒップホップ・ジェネレーション』（二〇〇二）の著者バカリ・キトワナは、一九六五年から一九八四年のあいだに生まれたアメリカ黒人なら、その問いに明瞭な記憶とともに答えられると断言した。[1] それはベビーブーム世代がケネディ暗殺やキング牧師暗殺のときを鮮明に覚えているのと同じだという。日本なら、二〇一一年三月十一日の「あのとき」、自分が何をしていたかを誰もが語れるのと同じことだろう。

キトワナは、ヒップホップ世代を「一九六五年から一九八四年のあいだに生まれたアメリカ黒人」と定義した。この定義は、多くの反論の集中砲火を浴びた。設定年以前や以後に生まれた者にとってもヒップホップは重大な意味をもつし、人種的にはヒップホップの誕生にヒスパニックが大いに貢献したことも無視できない。白人もヒップホップ世代から排除されるべきではない。結局キトワナは、多くの反論を受け入れ、自身のホームページで、より幅広い年代層のあらゆる人種がヒップホップ世代だと再定義した。

そのときに十代から三十代の若者だったヒップホップ世代が一九九六年九月十三日に経験したのは、トゥパック・シャクールの死だった。アルバムはトップセラーで映画主演も数ある稀代のスターが、イーストコーストとウェストコーストのあいだのラップ抗争のなかで凶弾に斃れた。その半年後の一九九七年三月九日には、トゥパックのライバルだったノトーリアスＢＩＧも銃撃によりこの世を去った。

人種が棚上げされるなら、一九六五年生まれの私はヒップホップ世代の最古参である。だが正直、私自身がその日に何をしていたかは覚えていない。それでもふたりの大スターの死は日本でも大きく報じられたので、そのニュースには衝撃を受けた。つねにヒットチャートを賑わすようなトップ・アーティストが、ふたりも続けて銃撃によって死ぬなどということが、どうしてアメリカでは起こり得るのか。トゥパックとビギーの死の真相は謎に包まれていたが、私には、アメリカという国そのものが謎に思えた。そこから私のヒップホップとアメリカ研究が始まった。ヒップホップを通してみるアメリカ――メインストリームのアメリカ社会と文化とは違う、オルタナティヴなアメリカが、ヒップホップによって浮かび上がるのではないか。

だが、一九九六年はもはや遠い過去だ。ヒップホップ世代の次の世代も誕生している。M・K・アサンテ・ジュニアの『イッツ・ビガー・ザン・ヒップホップ――ポスト・ヒップホップ世代の出現』（二〇〇八）は、その副題が示すように、キトワナが論じた次の世代について考察している。ヒップホップ世代にとって、ヒップホップはみずから掴み取った文化であり、マイノリティがメインストリームのアメリカ社会と政治に対抗して、自らのメッセージを発信するための優れて有効なツールだった。ポスト・ヒップホップ世代にとっては、ヒップホップは生まれたときから存在する当たり前のものであり、ヒップホップは好きだが、ヒップホップより大きなものが存在し、その大きなものの達成こそが重要なのだという。[2] かつてはアンダーグラウンドな文化だったヒップホップは、四半世紀を経てすっかりメインストリーム文化に定着し、マイノリティにとって特有の有効なツールではなくなってしまったのか。

「イッツ・ビガー・ザン・ヒップホップ」とはもともとデッド・プレズの曲のタイトルである。デッド・プレズはすっかりコマーシャリズムに堕してしまった二〇〇〇年当時のヒップホップを憂い、そんな堕落したヒップホップよりも大きなものがあると主張したのだ。ヒップホップより大きなものとは、人々の自由と権利であるということは、両世代において変わらぬ認識であろう。

ラップ／ヒップホップ研究は、トリーシャ・ローズの『ブラック・ノイズ』（一九九三）を端緒として、いまでは数多くの研究書がアメリカで刊行されている。ヒップホップは半世紀近い歴史を積み重ね、ふたつの世代を含み込むまでになっているのだから、ヒップホップを単一で不変の性質にとどまるものとしてとらえるべきではないだろう。かつてはアンダーグラウンドの対抗文化であったものが、いまではメインストリームを支配する文化にまで成長した。史上初の黒人大統領がアメリカに誕生し、その大統領が大のヒップホップ好きだという時代を経験しているのだ。

ヒップホップとは、一九七〇年代の半ばにニューヨーク、ブロンクス地区で発生した文化現象だ。ヒップホップの四大要素はＤＪ、ラップ、ブレイクダンス、グラフィティであり、プロジェクト（貧困層向け公営住宅）に住む黒人たち（ブレイクダンスではヒスパニック、グラフィティでは白人も含まれた）が同時発生的にこれらの表現行為をストリートで行い、それを総称してヒップホップと名付けられた。だが、いまの若者たちにとって、ヒップホップという言葉はダンスのジャンルを表すものなのかもしれない。磯部涼はヒップホップについて、「アメリカではこの言葉はほとんど使われなくなって」いるとまで述べる[3]。音楽ジャンルとしてはラップという言葉が適切であり、かつての四大要素はそれぞれが独自の発展を遂げ、いまではひとつの文脈に統合されるものではないというのだ。

だが、アメリカで出版される学術研究書には、ヒップホップをタイトルに冠するものが数多く、ラップをタイトルにもつものはそれに比べて少ない。ジャンル論としてラップを美学的に論ずる研究もあるとはいえ、社会学的研究では、ヒップホップをひとつの文化としてとらえ、文化を研究の対象とする必要がある。とはいえ、言葉を武器とするラップが文化研究の対象になりやすいのもまた事実である。「ヒップホップは生き方だ」という言葉がある。それはいささか抽象的な表現ではあるが、音楽ジャンルとしてのラップを分析するのではなく、人々の生き方としてのヒップホップが研究の対象として問われるのである。

再確認すれば、ヒップホップとは、一九七〇年代半ばにニューヨークのサウス・ブロンクスで同時発生し、以後全米の大都市に広まった、多様なストリート文化の総称である。DJ、ラップ、ブレイクダンス、グラフィティ、などがヒップホップに含まれる。その中心的担い手は、アフリカ系、カリブ系、ヒスパニック系のマイノリティだった。それは映画やファッションやスポーツなど、あらゆるポピュラー文化を呑み込んでいった。バスケットボールやダブルダッチへの熱狂もヒップホップ文化のひとつととらえられたこともある。トリーシャ・ローズは、これらのストリート文化の発生要因を、ニューヨークの都市計画の面から詳細に説明した。ローズによると、都市プランナー、ロバート・モーゼズが一九三〇年代の終わりから六〇年代の終わりにかけて行ったニューヨーク改造計画は、結果としてニューヨークを貧富の差とエスニシティの違いで大きく分裂した都市に変えたという。とりわけブロンクスはモーゼズの高速道路計画によって貧しい層が住む場を失い、荒廃が進んだ。「ヒップホップ文化は、旧来の地元支援機関がその建造物環境の大部分とともに破壊されてしまったコミュニティにおいて、若者たちにとっての新しい（オルタナティヴ）アイデンティティ形成と社会的地位を与える源泉として現れた[4]。」

ここからさらにヒップホップ文化を、サウス・ブロンクスという地域性を超えた普遍的なものとして再定義するなら、それは貧しい環境に生まれ、社会構造的な不利を背負いながら育った人々のアイデンティティ形成のための手段ということになる。少なくとも、かつてのヒップホップ世代にとってはそうだったはずだ。ラップやブレイクダンスなどのストリート文化は、元手がかからないために貧しい若者が創意を凝らすのに適していた。それはニューヨークから全米のプロジェクトとフッド（黒人居住地域）に広まり、さらにはヨーロッパ、中南米、アジア、中東、アフリカをも含めて、世界中の若者たちの表現手段となった。

ヒップホップ以前、メインストリームのアメリカ社会が黒人たちの生活に目を向ける機会は少なかった。ラップの言語表現は、古くから黒人たちが行ってきた言葉遊びに起源をもつと指摘されているが、多くのアメリカ白人たちは黒人の言葉遊びなど知らなかった。ヘンリー・ルイス・ゲイツ・ジュニアが古典的名著『シグニファイング・モンキー』で紹介した黒人たちの三つの言葉遊びは、ダズンズ（dozens）、シグニファイング（signifying）、ラッピング（rapping）である。(5)

ダズンズはふたりのあいだで言葉をやり取りするセッションであり、相手の母親をからかうことでお互いを挑発しあう。どんなにひどい誇張でからかわれようとも、怒ってしまっては負けである。ユーモアとクールなスタイルでからかいあう。それは子供のころに経験する通過儀礼であり、人種差別のひどい社会に出ても、クールにやり過ごし、腹を立てずにいられるようになるための訓練だと言われている。

シグニファイングは、相手の母親ではなく、相手本人をからかう。いわゆる「ディスる」ことの応酬である。ラッピングは相手に関係なく、自分のことを誇張して自慢し、調子よく話し続けることである。

一九七四年、ボクシング世界へビー級チャンピオンのムハマッド・アリは、ジョージ・フォアマンとのタイトル戦前の記者会見で、「蝶のように舞い蜂のように刺す」という有名な言葉を使った。この言葉は、アリのボクシングスタイルを表現するものと信じ込まれ、メディアではつねにそのように紹介されている。だが、この一節の後に続く言葉を知るものは少ない。アリは、実際には次のように発言した――

Float like a butterfly, sting like a bee
（蝶のように舞い蜂のように刺す）
His hands can't hit what his eyes can't see
（彼の目に見えないものを彼の手が殴ることなんてできないよ）
Now you see me, now you don't
（はい見えますね、はい消えました）
George thinks he will, but I know he won't
（ジョージは見えるつもりでいても、どうせ無理だろう）

簡単ではあるが行末で韻を踏んでいることが確認できるだろう。手品師がコインやカードを隠すときに、"Now you see it" と言って手にあるアイテムを見せ、"Now you don't" と言って消すのが決まり文句である。自分は素早く動いてフォアマンの前から手品師のように姿を消すというのは、誇張であり、決してアリのボクシングスタイルを正確に説明したものではない。これは相手をディスるシグニファイングと、韻を踏みながら誇張して自慢するラッピングが織り混ざったものであり、アメリカ黒人の誰もが知る言葉遊びだった。だがその当時、白人たちはそのような言葉遊びの存在を知らず、アリの記者会見はセンセーションとなった。

ラップ音楽の誕生以前から黒人たちはラップしていたのである。DJたちがビートを作り始め、それに合わせてMCが必要となると、黒人たちはそれまでに培ってきた言葉遊びのセンスを導入した。ラップ音楽の誕生により、それまでメインストリーム文化が知らなかった黒人たちの文化が広く知られるようになった。

クール・ハーク、グランドマスター・フラッシュ、アフリカ・バンバータの三人は、ヒップホップの「三人のゴッドファーザー」と称される。彼らはそれぞれヒップホップの音楽的基盤を作り上げ、パーティに若者たちを呼び集め、若者たちをこの新しい文化に引き寄せることによってギャング、暴力、犯罪から遠ざけた。ラップの最初のヒット曲はシュガーヒル・ギャングの「ラッパーズ・ディライト」（一九七九）とされており、この曲は全米ヒットチャートのトップ四〇入りを果たした。これらのことはいまでは教科書的事実として知られている。

だがたとえヒップホップ世代でも、サウスブロンクスでクール・ハークを見てヒップホップを知ったなどという経験をもつ者は、あまりにも限られている。ヒップホップ世代の恋愛映画『ブラウン・シュガー』(リック・ファムイワ監督、二〇〇二)で、主人公シドニーは一九八四年七月十八日という正確な日付を記憶して、十歳だったそのときにブロンクスの路上でスリック・リック、デイナ・デーン、ダグ・E・フレッシュがラップバトルをしている場面に遭遇し、たちまちヒップホップと恋に落ちた。そのとき同い年の少年アンドレと出会い、成人した現在でもふたりの関係と、ヒップホップへの情熱は続いている。だが二〇〇二年の時点でヒップホップはストリートの熱い息吹を伝えることをやめ、金儲けのためのツールに堕している。ヒップホップが進むべき道を誤ったのに重ねて、シドニーとアンドレの関係も誤った方向へ進む。ふたりがヒップホップへの本当の愛を思い出したとき、ふたりはお互いへの真実の愛に目覚めるのである。発生から四半世紀を経た時点で、すでにヒップホップは懐古趣味で自己言及的だった。

『ブラウン・シュガー』で音楽ライターとなったシドニーは、インタビューの相手に必ず同じ質問をする。「あなたはいつヒップホップと恋に落ちましたか?[6]」この質問に対して、唯一の正しい答えなどあるはずがない。映画には多くのヒップホップ・アーティストが出演して、それぞれが陶酔したようにヒップホップとの運命的出会いを語っている。コールド・クラッシュ・ブラザーズ、ランDMC、パブリック・エナミー、等々……。

しかし敢えて指摘すれば、多くのアメリカ人にとって、そしてアメリカ音楽を輸入して消費する日本人にとっても、ヒップホップを初めて知ったのは、一九八一年、白人ロック・アーティストのマルコム・マクラレンやトム・トム・クラブが自作にヒップホップの要素を取り入れて、この新しい文化を広くメディアに知らしめたことによってではないか。つまり、私の場合がそうだった。とりわけマルコム・マクラレンは、ラップやスクラッチDJの音楽面だけではなく、ビデオによってブレイクダンスやダブルダッチ、グラフィティアートも熱心に紹介した。その後ヒップホップへの関心が高まると、人々は黒人たちのリアルなストリート感覚を重視するようになった。すると、マルコム・マクラレンやトム・トム・クラブのような白人ヒップホップは偽物の代名詞となった。下手なラッパーをからかうときに、「トム・トム・クラブ」と声をかけるのである。

二〇〇〇年代に、デジタル音楽が隆盛を極めるなかで、アナログ・レコードによるDJ技法を追求するターンテーブリズム運動を主導したDJ集団エクセキューショナーズは、トム・トム・クラブで初めてヒップホップと出会ったと、素直に認めた。DJ技術の原点回帰を求める一方、自己の原点を白人アーティストの作品に規定する。ヒップホップがもつ雑種的な側面をよく表している。

すると、いまの世代の若者たちが、K‐POPのアーティストがダンスするビデオをYouTubeで見てヒップホップを知ったとしても、何ら不思議なことではない。たとえアンダーグラウンドな文化として発生したとしても、ヒップホップはいまやメインストリーム文化である。歴史は尊重されるべきだが、多様性と柔軟性もまたヒップホップの特長である。

では、半世紀の歴史を積み重ねたいま、ヒップホップ世代とポスト・ヒップホップ世代の両方が共有するヒップホップの意義とは何か。それは、ヒップホップはつねに自由をめぐる言説である、ということだ。「あらゆる人が自由になるまで、誰ひとりも自由だとは言えない」とはジェイZの名言だ。[7] 最後のひとりが自由を獲得するまで、ヒップホップはその歩みを止めない。それは世代を超えて引き継がれる闘争だ。ヒップホップは、人々が自由を求めて一歩ずつ前へと進む、その歩みの記録なのだ。

時代を証言する記録としてのヒップホップ――それが本書のテーマである。第Ⅰ章「ヒップホップ・クロニクル」は、とりわけヒップホップ文化が記録し続ける警察の暴力に着目する。近年『ストレート・アウタ・コンプトン』（二〇一六）や『オール・アイズ・オン・ミー』（二〇一七）などの映画が、往年のラップ・アーティストの生涯を描くことを通して、いまもなお続く警察の暴力の問題を現在のアメリカに問いかけることに成功している。警察の暴力は最初期からラップのテーマだった。「ブラック・ライヴズ・マター」運動はいまも続き、ケンドリック・ラマーの「オールライト」はBLM運動のアンセムとなった。一方、オバマ大統領の誕生は新たな時代を歴史に刻む画期的な出来事だったが、オバマとヒップホップもまた強い結びつきをもっている。警察の暴力という負の面と黒人大統領という希望的側面がヒップホップによって記録され、アメリカが抱える問題が前景化される。

第Ⅱ章「ヒップホップ・ナラティヴ」では、記録の時代的範囲をさらに拡大する。ラップの歌詞が自分を語るものであるならば、ある種の自伝としてとらえることも可能なはずだ。自伝文学の伝統のなかでラップを読むと、十九世紀のスレイヴ・ナラティヴから公民権運動家の自伝、ギャングや死刑囚の自伝に至るまで、連綿と続くアフリカ系アメリカ人の表現の伝統がラップに息づいていることがわかる。知識との邂逅と再生、それはアフリカ系アメリカ人の自伝文学にとって重要な主題であるが、それはまたヒップホップにとっても等しく重要なのである。

二〇〇〇年代のアメリカ文化を席巻したもののひとつとして、ピンプの流行が挙げられる。ピンプとは女性に貢がせる男のことで、男性ラッパーたちはピンプのライフスタイルを謳歌した。音楽、映画、小説、テレビに、ピンプはアイコンとして登場し続けた。その流行はもはや去ったといえるが、むしろ当たり前のものとして定着したとも考えられる。アメリカのポピュラー文化のあちらこちらに刻み込まれたピンプの存在を読み解くことは、アメリカ文化の正しい理解につながる。第Ⅲ章「ピンプ・カルチャー」では、歪んだマスキュリニティが蔓延した原因を追究する。

ヒップホップとイスラム教の結びつきも強い。一九九〇年代はマルコムXブームの影響で、多くのラッパーたちがネイション・オヴ・イスラムやファイヴ・パーセンターズに改宗し、その教義を歌詞に潜ませた。9・11同時多発テロ事件以降、ラッパーたちはイスラム的表現を控えた。さらに時が経ち、コンバートの二世たち（ボーン・ムスリム）が現れ、より真正なイスラム教を志向している。イスラム教徒はアメリカにおいてマイノリティであるが、ヒップホップとブラックネスとムスリムが融合することによって、「ムスリム・クール」を生み出す。ムスリム・クールの魅力は、人種も信教も超えてすべての人々をつなぐインターフェイス（Interfaith、異宗教間交流）のプラットフォームを作る可能性を提供する。第Ⅳ章「ヒップホップ・ムスリム」は、アメリカ独自の発展を遂げたイスラム教とヒップホップの関係を読み解く。

本書はヒップホップの入門書や概説書ではない。限られた章立てで、ヒップホップの全貌を解明しようという意図は最初からない。特定のラップ・アーティストを詳細に論じるわけでもないので、音楽批評を期待する音楽ファンが本書を手にすれば戸惑うかもしれない。本書は、ヒップホップを通してアメリカ社会を読み解く比較文化的な研究である。警察の暴力、ギャング、奴隷制、公民権運動、ピンプ、イスラム教——これらの多彩なアメリカ的問題をひとつの視野に収めるとき、いったいヒップホップ文化以外の何ものがわれわれに確かな指針を与えてくれるというのか。本書の記録によって、未来の世代の読者と、少しでもこのヒップホップ文化を共有できれば幸いである。

I　ヒップホップ・クロニクル

抵抗から栄光へ

二〇二〇年五月二十五日に起きた、白人警官の過剰な拘束による黒人容疑者の窒息死事件は、何度も繰り返され、改められることのないアメリカの警察の、黒人男性に対する暴力の再顕現だった。怒りとともに、既視感を覚えた者も多かったのではないか。ミネソタ州ミネアポリスで、偽札使用の容疑で捜査を受けたジョージ・フロイドは、白人警官によって地面に伏せられ、首を膝で押さえ続けられて死に至った。そのとき彼が警官に向かって懇願して発した言葉「息ができない（I can't breathe）」は、即座に六年前のエリック・ガーナー事件の褪せることのない記憶を喚起した。二〇一四年七月十七日、ニューヨーク市スタテンアイランドで、警官から絞め技による拘束を受けたエリック・ガーナーは、やはり「息ができない」という言葉で訴えながらも、過剰な拘束によって窒息死したのだ。アメリカの警察はこの事件から何も学んでいないようだった。

「息ができない」──この言葉は、アメリカ社会で生きる黒人が抱く感情を象徴している。ガーナー事件の後に起きた一連のデモ行進で──そしてフロイド事件後も──参加者の多くが"I CAN'T BREATHE"と書かれたメッセージボードを掲げていた。アメリカ社会における黒人の息苦しさ──これこそ、ラップが長年のテーマとして表現してきたことでもある。

二〇一四年にはもうひとつ重大な事件が起きている。八月九日、ミズーリ州ファーガソンで、十八歳の黒人青年マイケル・ブラウンが白人警官に射殺される事件が起きた。翌日からファーガソンでは暴動が多発し、暴徒を取り押さえようとして催涙弾を発射する州警察の映像は全米に衝撃を与えた。抗議活動は全米に広がり、「ブラック・ライヴズ・マター（BLM）」運動が勢いを増した。

BLM運動は、二〇一二年二月に黒人少年トレイヴォン・マーティンが射殺された事件で、発砲したジョージ・ジンマーマンが無罪判決を受けたことを受けて、二〇一三年に発生した運動だ。警官らによる黒人の不当な殺害に対して無罪判決が出ることが繰り返されるため、「黒人の命を軽視するな」という怒りが黒人たちに沸き起こった。二〇一四年のふたつの事件で、BLM運動は全米に拡大する大きな社会運動となった。

BLM運動のデモで、参加者が頻繁に合唱したのがケンドリック・ラマーの「オールライト」(二〇一五)だ。一九六〇年代の公民権運動時に「勝利を我らに」が運動の象徴歌となったように、「オールライト」のコーラスの「俺たちはきっと大丈夫だ、大丈夫だ」というフレーズがBLM運動のデモ参加者たちによって唱えられた。

「オールライト」は、多くのラップの歌詞と同じく、黒人が置かれた困難な生活状況が語られる。目が覚めると、自分が給与削減の対象になっている。銃のせいで死に脅かされ、物質主義と快楽に逃避せざるを得ない。自分の内側にある悪徳をも認めるが、それでもなお、何の根拠もなく楽観的に「俺たちはきっと大丈夫だ」と反復する。大丈夫だという兆しは何も見えないのに、それでも大丈夫だと肯定するのである(1)。

「俺たちはポリ公が嫌いだ(We hate po-po)」という一節が「オールライト」にはあるが、そのミュージック・ビデオはより鮮明に警察との対立を視覚化している。曲のクライマックスでラマーは空中を浮遊する。それを不穏な存在と見なしたらしいベテランの白人警官は、指で銃をかたどり、仮想の銃弾を飛ばす。見えない銃弾を受けたラマーは天から落下し、地面に打ち付けられる。最後に見せる表情は、憎しみでも恨みの相でもなく、不可解な笑みを浮かべている。

黒人たちの息苦しさ、警察の悪意を表現しつつも、憎悪に対して憎悪で応じるのではなく、きっと大丈夫だという肯定の意思で団結する。まさに「オールライト」はBLM運動の精神を象徴する曲だと言える。ラマーは「オールライト」を含むアルバム『To Pimp a Butterfly』(二〇一五)に続く『DAMN.』(二〇一七)が、アフリカ系アメリカ人の生を捉えるものとして高く評価され、二〇一八年度のピューリッツァー賞を受賞した。ピューリッツァー賞の音楽部門をクラシック以外のジャンルが受賞するのはきわめて稀な出来事であり、ラッパーとしては史上初の快挙だった。

キング牧師のアラバマ州セルマでのデモ行進を描いた『グローリー/明日への行進』(二〇一四)の主題歌「グローリー」でジョン・レジェンドとコモンは、これもまた楽観的な強い意志をもって「栄光がわれわれのものとなる」と肯定する。ジョン・レジェンドのコーラスでは、「いつの日か栄光が訪れるとき、それはわれわれのものだろう」と朗々と謳い上げられる。そしてコモンは、公民権運動からファーガソンの抗議デモに至るまで連綿と続く黒人の抗議運動をラップで記録する。

天に手を挙げよ、誰も武器などなく
団結して抗えば、そう、栄光は約束されている
毎日、男が女が伝説となる
われらの肌に反する罪も祝福に変わる
運動はわれらにとってリズムだ
自由はわれらにとって宗教のようなものだ
正義はわれらのうちで等しく並ぶ
万人への正義なんて何も特別なことじゃない
ひとりの子が死に、その魂がまたわれらのもとを訪れる
怠惰な暮らしがわれらに巣食っているなら、抵抗こそわれらだ
だからローザはバスの席に座った
だからわれらはファーガソンで諸手を挙げて丸腰で歩くのだ
われら女と男が決起すると
彼らは「引き下がれ」と言い、われらは立ち上がる

銃声、われらは地面に伏し、カメラはパンした
キングは山頂を指さし、われらは駆け上がった[2]

ローザ・パークスからキング牧師へと続く公民権運動から、ファーガソンを契機としてBLM運動へと発展する現在の状況まで、コモンは黒人の抵抗の歴史をプライドを込めて語る。だが逆に言えば、半世紀の時を経てもなお黒人たちの戦いには終わりがないのである。

しかし二〇二〇年、フロイド事件のあとは新たな局面を見せている。警察制度の改革、BLM運動のアメリカ国外への浸透、差別の歴史を美化する彫像の撤廃、等々、アメリカ社会が大きく変わりそうな数々の兆候が表れているのだ。栄光が訪れるときが近づいているのかもしれない。そしてヒップホップは、半世紀にわたるその抵抗の歴史を記録し続けてきたのだ。

ラップと警察の暴力

ラップはその最初期から、若い黒人男性に対する警察の暴力を記録してきた。黒人特有の言葉遊びを起源にして始まったラップが、単純な自慢や誇張から、黒人の生を活写し、社会への

メッセージを発するための重要な芸術表現へと認知を高めた歴史的作品が、グランドマスター・フラッシュ＆ザ・フュリアス・ファイヴの「ザ・メッセージ」（一九八一）であった。治安の悪化した居住地域、テレビを見るだけの怠惰な暮らし、崩壊した公教育、金を荒稼ぎする犯罪者に憧れて道を踏みはずす若者たち、といった内容がメリ・メルらラッパーたちによって自虐的なユーモアとともに語られる。「押さないでくれ、もうギリギリなんだ／正気を失わないようにしてるんだ／ときにはまるでジャングルみたいだ／どうやったら落下せずにすむんだろうと思うよ」というコーラスが黒人たちの「息ができない」感覚を表現している。特に注目すべきは、曲の終わりに挿入された寸劇による非音楽的な会話である。メンバーたちが女のことなど他愛無い話をしているところに、タイヤを軋ませる音とともに警官が現れる。


「フリーズ！

誰もそこから動くな！

これがどういうことかわかってるな
そいつらを立たせろ」

「何すか？　俺たちはグランドマスター・フラッシュ＆ザ・フュリアス・ファイヴですよ」

「何だそりゃ？　ギャングか？」

「まさか」

「黙れ
無駄口は聞かんぞ
黙れ」

「おまわりさん、何が問題なんですか？」

「おまえらが問題だ」

「押さなくていいでしょ」

「車に乗れ、車に乗れ
車に……

さっさと車に乗りやがれ」

「何でこの人、俺たちをこんな目に合わすんだ(3)？」

軽妙な描写ではあるが、若い黒人男性が警察から不当な扱いを受けることへの不満と苛立ちが音楽のなかで表明された。一九八〇年代まで、人種に基づいて警察の過剰な取り調べや身体検査が行われる「レイシャル・プロファイリング」は、白人中心のアメリカで社会問題化されることはなかった。ラップという表現形式を手に入れた黒人たちは、アメリカ社会のメインストリームに対して、自分たちが置かれた苦境を直訴し告発するようになったのである。

ロナルド・レーガン政権時代には、「ドラッグ撲滅戦争」が目標に掲げられ、法体制の厳罰化が進み、その結果、とりわけ黒人男性の入獄率が高まった。産業構造の変化が進み、工場の海外移転などで失業率が上昇したことも加えて、黒人コミュニティの荒廃が進んだ。治安維持のための厳罰化がむしろ黒人コミュニティにおける治安の悪化を進行させた。バカリ・キトワナが指摘するように、人種的に偏った警察捜査が進み(4)、その時代を背景としてサブジャンル、ギャングスタ・ラップが生まれた。

一九八〇年代半ば、スクーリーDやアイスTのようなラッパーが、ギャングに所属する若者たちが日常的に経験する現実を冷淡に描写する曲を発表し始めた。銃、ドラッグ、暴力、犯罪といったテーマが、ストリートをリアルに描写するものとして人気を集め、ギャングスタ・ラップと呼ばれるサブジャンルが全米を論争に巻き込む社会現象となった。アイス・キューブ、ドクター・ドレー、イージーE、MCレンらが集結したNWAの『ストレート・アウタ・コンプトン』(一九八八)は、このジャンルのみならず、一九八〇年代を代表するアルバムとなった。

『ストレート・アウタ・コンプトン』のカバーデザインは、見る者に戦慄を引き起こしてやまない。地面に仰向けで倒れた者の視点からNWAのメンバーが捉えられ、取り囲むギャング風のメンバーのなかでも、イージーEが情け容赦なく銃口をこちらに向けている。だが、アメリカのポピュラー文化は、このような暴力を昔から偏愛してきた。映画草創期のエディソン社の作品で、世界初のブロックバスターと称される『大列車強盗』（一九〇三）は、作品の最後にバストショットで強盗を真正面から大写しにし、観客へ向けて発砲する強盗の姿で観客を恐怖におびえ上がらせた。列車強盗、銀行強盗、マフィア、ギャングは、ハリウッド映画がその歴史の最初期から描いてきたピカレスクなテーマなのだ。

タイトル曲「ストレート・アウタ・コンプトン」のミュージック・ビデオでは、全米でもっとも治安の悪い地区のひとつとされるロサンゼルス市サウスセントラルのコンプトンを背景に、銃と棍棒で武装して執拗に追い立てる警察の魔の手からNWAのメンバーが逃げ続ける様子が描かれる。当時、ロサンゼルス市警察が「ギャング一掃」キャンペーンを展開し、コンプトンを中心にギャング風の若者を狩り漁ったことを映像化している。「ザ・メッセージ」の自虐的なユーモアに比べると、「ストレート・アウタ・コンプトン」のビデオが示す警察への反感は強烈である。そして、もっとも露骨に警察への敵意を表明し、論争を生んだ作品が同アルバム中の「ファック・ザ・ポリス」だ。

「ファック・ザ・ポリス」は法廷をパロディ化した構成をとり、NWAと警察間の訴訟を裁判官役のドクター・ドレーが進行し、ラッパーのアイス・キューブ、MCレン、イージーEが順に検察官を務めて警察糾弾のラップを繰り広げる。彼らの主張では、「警察はマイノリティを殺す資格があると思い込んでいやがる」。むやみに警察に車を停められ、車内に違法薬物がないか捜査を受ける日常を彼らは唾棄する。彼らの証言ののち、陪審は警察を「最低の白人である」という理由で有罪とする。それは普段から彼らが「黒人である」ことを理由に警察から犯罪者扱いされてきたことへの意趣返しである。警官は逆に悪態をつきながら法廷を退去させられる。(5)

この曲に快哉を得た若者は多かったが、白人社会からの反発は大きく、FBIはNWAを要注意人物リストに載せた。だが、レイシャル・プロファイリングの対象は彼らのようなギャング風の若者にとどまらなかった。コーネル・ウェストのような高名な大学教授ですら、高級車を運転していると警察に怪しまれ、車内を検査された経験を語っている。(6)

NWAの活動を振り返った映画『ストレート・アウタ・コンプトン』(二〇一五、F・ゲイリー・グレイ監督）や、トゥパック・シャクールの生涯を描いた『オール・アイズ・オン・ミー』（二〇一七、ベニー・ブーム監督）のような作品は、単なるヒップホップ・アーティストの伝記的音楽映画という枠組みを超えて、ヒップホップによってアメリカの一時代を記録し現在に問いかけるという、きわめてアメリカ論的な側面をもっている。映画『ストレート・アウタ・コンプトン』が描くのは一九八〇年代から九〇年代初頭のアメリカの人種状況である。

コンプトンでの警察のレイシャル・プロファイリングを経験してきた若者集団ＮＷＡは、ついにその怒りを爆発させて「ファック・ザ・ポリス」の過激表現に至る。曲はたちまち反響を呼び、彼らは一躍時代の寵児となる。コンプトンの外に出て全米ツアーを開始すると、テキサスやオハイオのコンサート会場に集まるのは白人の聴衆ばかりだ。ミシガン州デトロイトでは州警察から事前警告を受け、不適切な表現である「ファック・ザ・ポリス」を上演するなら強硬措置に出ると通達される。表現の自由を盾に、会場を監視する警察に抗い、ＮＷＡは熱狂する聴衆とともに「ファック・ザ・ポリス」のパフォーマンスを繰り広げる。銃声が会場にとどろき、逃走するメンバーは一網打尽にされ、拘置所に送られる。警察権力に反発してＮＷＡを支持する若者たち、一方ではＮＷＡは警察への不信を煽り暴力をそそのかすとして断罪するメディア。全米はふたつに分断された。

だが、この時代の記録としてもっとも重大な事件が引き続いて起こることになる。一九九一年三月三日、ロサンゼルスで起きた複数の警官によるロドニー・キング殴打事件である。スピード違反で車を停められたキングは、十数人の警官に無抵抗のまま殴られ続けた。その様子を近隣の住民が、離れた場所からズームによってビデオ撮影していたが、警官たちは撮影に気づかず暴行を続けた。ビデオがCNNなどの全米のニュースで放映されると、大きな社会問題となった。ラッパーたちが警察を描写する際の暴力的表現は、決して悪意によって誇張されたものではなく、むしろ現実の警察による暴力のほうがギャングスタ・ラップよりもはるかに醜悪であることが、一般市民のビデオ撮影によって明らかになったのだ。

キングに対して中心的に暴力を加えた四人の警官が裁判に問われたが、翌年四月に全員が全面無罪となると、巨大な人種暴動としてのちの歴史に残るロサンゼルス暴動が発生した。映画『ストレート・アウタ・コンプトン』のなかでは、普段は無益な抗争を繰り広げるロサンゼルスの二大ギャング団、ブラッズとクリップスですら、共闘してロサンゼルス暴動に加わり、正義を求める様子が描かれている。(7)

ロドニー・キングは二〇一二年、暴動の二十年後に他界し、彼の死はひとつの時代の終わりを感じさせた。だが、二〇一四年にガーナー事件、ブラウン事件が続いたとき、二〇一六年作品でＮＷＡの反逆の記録をいまひとたび語りなおすことが、終わりない人種問題の現在を語るうえで必要とされたのだ。

　コンプトンの不良少年の集まりだったＮＷＡに対して、ニューヨーク出身でブラック・パンサー党員だった母の活動家としての血を引くトゥパック・シャクールの生涯は、同じギャングスタという言葉が使われながら、まったく異なる様相を帯びている。彼はむしろ“THUG LIFE”という言葉を好んだだろうが。ＮＷＡに続いてスターダムを駆け上がったトゥパックは、破格のスキャンダルに溢れた存在だった。黒人の地位を向上させ、世界を変えるためのリーダーとなることを期待されたが、彼は決して清廉潔白の徒ではなかった。矛盾に満ち溢れ、だからこそ人間的である彼の生涯を描いた映画『オール・アイズ・オン・ミー』は、警察の暴力のみならず、女性蔑視、歪んだ法システム、すべてを金が支配する物質主義等、今日の多岐にわたるアメリカ的問題を観衆に問いかける。(8)

　ニューヨークからカリフォルニアに移り住み、マイナーでのレコードデビュー、映画『ジュース』主演等、順調にキャリアを積み重ねていたトゥパックに、一九九一年、思わぬ災難が降りかかる様子が『オール・アイズ・オン・ミー』で描かれている。ある晩オークランドで道をひとりで歩いていたトゥパックのもとにパトカーが急接近し、二人組の警官が彼の身柄を拘束しようとする。本名のトゥパック・シャクールを名乗っても、白人警官たちは将来のスーパースターのことを知る由もない。いったい何をしたというのか、と問うと、横断歩道のない場所で道路を横断した、という理由で警官は強引に彼を押さえつけるのだ。母親譲りの理論武装で、刑法では道路横断でこのような拘束は受けないと彼が指摘すると、警官の悪意に火が付き、トゥパックはふたりの警官によって地面に投げ倒され、首を抑えられる。それはまさにジョージ・フロイドが窒息死した拘束術だ。俳優でラッパーのトゥパック・シャクールが警察の暴力を受けた事件はニュースで大々的に報じられ、これ以降、彼は被害者のみならず加害者としても、絶えずメディアを賑わすことになる。

トゥパックもまた「ファック・ザ・ポリス」と同趣向の曲を発表していた。『2パカリプス・ナウ』(一九九一) 所収の「ソウルジャズ・ストーリー」では、一九九一年のロドニー・キング事件に言及し、警官に車を停められた語り手が、「やるか、やられるか?」の二者択一を聞き手に問いかけ、「俺はその警官をヤることを選んだ」と言い放つと、銃を手にして自分と仲間を守ろうとする。(9) ソルジャーならぬソウルジャになって、警察の横暴に抵抗せよとラッパーは扇動する。当時の副大統領ダン・ケイルは、このアルバムを名指しで非難した。

「やるか、やられるか」の状況は、実際に一九九三年、アトランタで起こった。公演でアトランタを訪れていたトゥパックは、知人の運転する車に同乗して夜、市内を通行した際、非番で私服姿だった二人組の警官とトラブルを起こす。警官とは知らず、暴力的なふたりに立腹したトゥパックは、銃を手に取り、腹部、臀部に向けて発砲した。この事件については裁判でも詳細が判明しないままなのだが、映画では、ロドニー・キングのように無抵抗な黒人が白人二人組に殴打されている場面にトゥパックの乗る車が通りがかった設定になっている。

トゥパックの腹に彫られているタトゥー、"THUG LIFE"の意味をジャーナリストに問われて、"The Hate U Give Little Infants Fucks Everything"（おまえらが小さい子供にそそぐ憎悪がすべてをダメにする）の頭文字だとトゥパックは答える。映画では、矢継ぎ早に彼の義父がそのネガティヴなメッセージを批判し、彼に説教する。ポジティヴなメッセージを発して世の中を変えるリーダーとなれ、革命家となれと、パンサー党員の義父はトゥパックを鼓舞する。母親からも教わったことだが、アメリカ社会は黒人に自己破滅の道具を与える。それにそそのかされてはいけない。ブラック・パンサー党がドラッグの蔓延により勢力を失ったのは、ＦＢＩの陰謀だったという説が根強く信じられている。自己破滅の道具を拒否せよ――苦い経験をもつ両親からの警告にもかかわらず、トゥパックは矛盾に満ちた人生を歩むのである。

女性を愛し、女性を理解していると自認しながら、トゥパックは女性を蔑視する文化の体現者として非難された。女性への暴行事件で有罪となり、大スターでありながら保釈金も払えず懲役に服す。入獄中にニューアルバムが発売され、歴史上はじめて服役中のアーティストの音楽作品がヒットチャートの一位となった。自分を有罪にしたアメリカの法システムに正義はないと彼は呪詛する。だが、彼の行いは、つねに正義の側にあったのか。世の中を変える革命家になれという両親の期待に対して、彼はみずから破滅の道具を掴んでしまったのではないか。

「自分に悪いことをした人を憎んではいけない、それでは結局自分も相手と同じになってしまう」と、シェイクスピアの言葉とされる教訓を恋人にはもっともらしく説きながら、みずからは「やるか、やられるか」の基準で行動をとってしまう。ウェストサイドとイーストサイドの無益なラップ勢力抗争のなかで疑心と憎悪を募らせ、遂には一九九六年九月、トゥパックは銃弾の犠牲となった。時代が生んだスーパースター、トゥパック・シャクールの生涯は、決して完全無欠で非の打ちどころのない人間の歩みではなかった。だが、その多くの矛盾こそ、スーパースターもまたひとりの悩める人間に過ぎないことを物語っている。彼の生涯の記録は、単に警察権力や法システムに反逆することが正しいとは言えない、善悪の二元論で割り切ることのできない人間社会の複雑さを観る者に訴えるのである。

フィクションの力

ヒップホップ・アーティストの存在を利用せずとも、警察の暴力をテーマに、実話に基づくストーリーをアメリカ映画が紡ぐとき、その題材に事欠かないのは皮肉なことである。『フルートベール駅で』（二〇一三、ライアン・クーグラー監督）は、二〇〇九年一月一日、サンフランシスコ近郊のフルートベール駅構内で鉄道警察隊に射殺された二十二歳の黒人青年オスカー・グラントの事件を描いた作品だ。

この映画が優れた作品であることは間違いないが、ヒップホップによる時代の記録という論点を保つためにも、ここで詳しく論じることは控える。ただ、ここで指摘しておきたいことは、事件の瞬間に駅には多くの人が居合わせ、その一部始終を携帯電話のビデオカメラ機能で撮影していたことだ。映画は市民が撮影した粗い画面が尋問の様子をとらえ、平凡な日常的光景から思いもよらず突如銃声が鳴り響く映像から始まり、その前日二〇〇八年十二月三十一日のグラントの死に至るまでの最後の一日を描く。ロドニー・キング事件のとき、市民が撮影したビデオがテレビで放送されてニュースとなったが、いまや時代は変わった。誰もがスマホで現場を撮影し、SNSで人々に伝えるのである。キング事件以前は警察の暴力が取り上げられることなどほとんどなかったのだろうから、テクノロジーの進化は、旧態然の世の中を変える可能性を与えてくれる。

ヒップホップ的感覚に満ちた劇映画として、ここでは『ヘイト・ユー・ギブ』（二〇一八、ジョージ・ティルマン・ジュニア監督）を取り上げよう。やはり白人警官による黒人青年射殺事件を描いたこの作品のタイトルが、トゥパック・シャクールに敬意を払っているのはもはや歴然としている。『オール・アイズ・オン・ミー』では義父がネガティヴなメッセージに頼るなと言ってこの言葉を却下したが、二〇一八年において、黒人の命が軽視され、社会が黒人に憎悪を向ける状況が改善されないというなら、このネガティヴな言葉にいまいちど向き合う必要があるのだろう。実在の事件に頼らず、アンジー・トマス原作の小説を下敷きにして、想像力によって問題に切り込み、フィクションの力で世の中を変えようという野心的な作品である。(10)

主人公スター・カーターは私立の進学校に通う女子高校生だ。フリーモントという市の黒人居住地域に住んでいて、地元をこよなく愛しているのだが、学区域の公立高校は犯罪とドラッグが蔓延して危険であるために、遠く離れた私立高校に通っている。そこではほとんどの生徒が富裕層の白人だ。白人生徒たちは映画『ストレート・アウタ・コンプトン』やDJキャリッドの音楽にどっぷりとハマっているので、一見して学校では人種差別などなく、スターは人気者だ。しかし彼女は本当の自分を隠し、「バージョン2」の自分を演じている。黒人の真似をしてスラングを話すのは他の生徒にとっては「クール」だが、自分がスラングを話すのはあまりにも「フッド（黒人居住地区）」なのだ。彼女は白人よりも上品な言葉を心がける。

白人のボーイフレンドもできて順調な二重生活を送るスターは、ある晩地元のパーティに参加する。幼なじみのカリルと再会し、車で送ってもらうことになる。すると、パトカーに停められ、警官の尋問を受けることになる。カリルはフッドにとどまって暮らすスターと同い年の若者で、家族を支えるための収入を得るには、フッドではドラッグの売人をするしか仕事がなかった。警官の尋問を受けたとき、彼は武器をもっていなかった。この場面の演出によく注意すべきだ。黒人だからといって過剰な調査を受けるレイシャル・プロファイリングは、受ける側には確かに厭わしいことだが、ここでの白人警官の尋問はまったく暴力的なところがなく、淡々と職務をこなしているだけのようだった。他の映画で見かける過剰なまでの暴力的な行為がない演出なのだ。運転免許証のチェックのために警官がカリルの車から離れたとき、カリルは車内からヘアブラシを取ろうとするのだが、その行為が武器を探ったように見えたため、警官はすかさず発砲し、カリルを射殺した。スターはそれを間近で見た唯一の証人となった。

大陪審で彼女は証言すべきか。若い子には酷なことであるし、メディアには晒されるし、様々な敵を作ることにもなる。とりわけ、高校での二重生活が崩壊し、自分の正体が明らかになってしまう。この映画はスターという名の少女が、黒人としての真のプライドを獲得し、「バージョン2」の自分を捨て、本当の自分へと成長していく物語なのである。

カリルはスターと車のなかでトゥパック・シャクールを聞きながら、いまもなお「トゥパックは本物だ」と心酔し、“THUG LIFE”のフレーズを彼女に教えた。まさにカリルは「ザ・ヘイト・ユー・ギブ」の犠牲者であり、そのために若くしてTHUG（ならず者）として生きざるを得なかった。スターは父マヴェリックとこの言葉について議論する。父は、その言葉はアメリカのシステムを表しており、トゥパックからのわれわれへの教えなのだと答える。父は、息子（スターの弟）にセヴンなどという名前を付けるような人物である。セヴンは「完璧」を表すと彼は説明する。それはアメリカ特有のイスラム教団であるファイヴ・パーセント・ネーション（詳細は第Ⅳ章参照）の教えの影響をいかにも示している。ファイヴ・パーセント・ネーションの教義では、数字の7は神を表すのである。[11] 父が白人中心のアメリカ社会に反逆する理論家であることは間違いないのだが、フッドでの日常の暮らしにとどまり、活動家とはなりえていなかった。

重要な登場人物として、スターの叔父であり、職務にプライドをもち周囲からも尊敬される黒人警官カーロスを、ラッパーのコモンが演じている。叔父は警官の立場から、事故は避けられなかったものだとスターに説明する。被疑者が武器のように見えるものを手にしたら、警官は発砲しなければならない、どんな警官でもそうするのだ、と。スターはどうして発砲せずに、「手を挙げろ」と警告しないのかと尋ねる。カーロスは自分でも発砲しただろうと答える。そこでスターは、白人居住地域で白人被疑者が武器を探ったように見えたら、それでも発砲するのかと問い詰める。困惑したカーロスは、正直にも、「手を挙げろ」と言うと答えた。真摯な黒人警官の答えが、人種問題の矛盾を露呈させるのは、まさにフィクションの力だ。単なる事実の後追いではなく、想像力が新たな問いを発し続ける。

スターは成長し、父親がなることのできなかった活動家へと目覚めていく。他人が注ぐ憎悪のせいにするのではなく、「私たちが注ぐ憎悪」こそ問題なのだと彼女は理解し、トゥパックの言葉を更新する。同時代を描く『ヘイト・ユー・ギブ』に、かりそめのハッピーエンドはあっても真の終わりはなく、更新の作業はこれからもなお続けられていくのである。

優れた想像力による映画作品をもうひとつ挙げよう。『クイーン＆スリム』（二〇一九、メリナ・マツォウカス監督）だ。ここまで問題となってきたのはすべて、白人警官による無防備な黒人男性への暴力である。だが、この作品は大胆にもまったく逆の状況を想像する。無防備な黒人男性が白人警官を射殺したらどうなるのか。実際、トゥパックは警官に向けて発砲した。『クイーン＆スリム』は警官殺しの黒人カップルの逃避行を描いた作品である。[12]

逆という点では、黒人警官が白人を射殺するという状況も考えられるが、コモン演じる黒人警官がそれはできないと答えているように、フィクションの想像力においても困難な設定なのだろう。一方、白人警官を殺して逃げる黒人と言えば、黒人映画の古典『スウィート・スウィートバック』（一九七一）が連想される。『スウィート・スウィートバック』ほど型破りではないこの作品は、むしろ黒人版「ボニー＆クライド」（『俺たちに明日はない』）の主人公カップル）を想起させる。

物語の巧妙な語り口により、結末まで主人公カップルの名は明かされない。冒頭に『クイーン＆スリム』のタイトルが提示されるが、それがふたりのニックネームだというわけでもない。クイーンはすべての黒人女性を象徴する呼称であり、スリムは黒人男性（多少太っていても）を象徴するのである。オハイオ州クリーヴランドで物語は始まり、クイーンとスリムがぎこちない初デートをしている。車で帰宅する際、例によってパトカーに停車させられる。自称「優秀」な弁護士であるクイーンは、警官の手続きの不備を指摘するのだが、白人警官を苛立たせ、警官はクイーンの大腿部を撃つ。スリムは警官と揉み合いになり、地面に落ちた銃を拾って警官を射殺する。一部始終はパトカーにつけられたカメラに記録されていた。

弁護士としての知識と経験から、警官殺害の黒人に未来はないとクイーンは判断し、ふたりは車での逃亡を開始する。まずはニューオーリンズに住むクイーンの叔父に頼ることにする。その先は、叔父の知人が手はずを整え、マイアミからプライベート飛行機でキューバへ逃亡する計画を立てた。こうして六日間に及ぶクイーン&スリムの、オハイオ、ケンタッキー、ミシシッピ、ジョージア、フロリダの州を横断する逃避行が展開される。

ニューオーリンズの叔父アールの趣味により、ピンプ（詳細は第Ⅲ章参照）と娼婦のカップルのような服装に変えざるを得なくなり、叔父のクラシック・カー、ターコワーズ・ブルーのポンティアック・カタリーナを駆るふたりの姿は、いくら本人たちが完璧な変装を施したつもりでいても、あまりにも目立つ存在だ。すぐにふたりのニュースは広がり、指名手配されるが、警官が先に発砲する映像が公開されていたため、全米で彼らを支援するデモが広がる。行く先々で、ふたりは地元の人々から助けられ、逃されるのだ。作品は痛快なロードムービーとして展開し、旅を続けるうちにふたりは真にお互いを理解するようになり、愛を育む。

黒人版「ボニー&クライド」と言えるふたりの逃避行が、どのような結末を迎えるかは想像に難くない。クイーン&スリムの運命はアメリカ社会における黒人男女の象徴となり、ふたりは現代のアイコンとなるのであった。

ヒップホップ・プレジデント

BLM運動が二〇一三年ころから起こり、いまもなお盛り上がりを見せていることは、バラク・オバマ政権においても黒人の置かれた状況が改善されなかったことを示している。そもそも人種問題の根源に関わる政権の姿勢を、ヒップホップはどのように記録してきたのか。

ヒップホップは、必ずしも民主党政権と親和性があったわけではない。ギャングスタ・ラップが席巻した一九九〇年代、黒人音楽を愛するビル・クリントン大統領ですらラップを芸術と認めず、時の政権は音楽表現に対する法規制を試みていた。一九九七年のドキュメンタリー映画『ライム&リーズン』のなかで、メソッドマンは次のようなフリースタイルを決める。「大統領なんてくそくらえ、あいつはゲットーの住民を代表していない(Fuck the president, he don't represent the ghetto residents)」[13]。ジョージ・W・ブッシュは問題外として、バラク・オバマの登場はいよいよ黒人たちを代表する大統領が生まれたことを意味したのだろうか。

二〇〇八年の合衆国大統領選に民主党候補として一躍浮上したオバマに、驚きと期待が集まった。ヒップホップからの応援では、ヤング・ジージの「マイ・プレジデント」（二〇〇八）がよく知られているが、ここではよりシリアスなNASの「ブラック・プレジデント」（二〇〇八）を取り上げよう。この曲のイントロで、トゥパック・シャクールのラップがサンプリングされている。かつてはイーストサイドとウェストサイドの抗争で張り合った間柄だが、その後トゥパックの音源の権利をNASが買い取り、NASはトゥパックと自由に「共演」できるようになった。トゥパックの死後一九九八年に発表された「チェンジズ」から「天国からの贈り物みたいだとしても、俺たちに黒人大統領はまだ早い（Although it seems heaven-sent, we ain't ready to have a black president）」というフレーズが使われている。トゥパックがこれを録音してから十数年のあいだに世界は大きく変わった。そもそも、世界を変える「イエス、ウィ・キャン」こそオバマのキャンペーンのキャッチフレーズだった。

「イエス、ウィ・キャン」は誰でも使う単純なフレーズであるが、そのあとに「チェンジ・ザ・ワールド」と続けるなら、R&Bの古典リー・ドーシーの「イエス・ウィ・キャン」（一九七〇）を連想せずにはいられない。ドーシーの「イエス・ウィ・キャン」は、この世界をよりよい世界に変えることは必ずできるというメッセージだった。だが、世界をよりよくできるというポジティヴなメッセージは、裏を返せば現実の世界は変えなければならない悪いことばかりだということを認めている。それを一九九〇年代に切実に訴えたのがトゥパックだった。トゥパックの「チェンジズ」もまた、世界を変えることはできると肯定しつつ、それでも変わることのない現実、貧困、ドラッグ、警察の暴力への憤懣を吐き出す。ドーシーの楽観的なメッセージ、トゥパックの現実への呪詛、と続き、未来へ向けて世界を本当に変える可能性をもつ人物の登場として、NASの「ブラック・プレジデント」はオバマを位置づけた。第二ヴァースでNASは新大統領への思いを語る。

黒人大統領は選挙の夜に何を考えているのか
それは「どうやって自分の命を守るか？　妻を守るか？　自分の権利を守るか？」か
他の大統領は所詮みんな白人だった
例外はトマス・ジェファーソン、インディアンの混血、カルヴァン・クーリッジ
KKKはきっと「何だって？」と銃に弾を込め
俺も弾を込める、いつでも行ってやる
だって俺は仲間と一緒なんだ——彼が死んだら俺たちも死ぬ

だが肯定的な面では
オバマは希望を与えてくれると思う、そしてあらゆる人種の
心に問いかけ、憎しみを消し去り
お互いを愛するように働きかける——あまりに多くの蛇みたいな政治家たち
もううんざりだ、このブラザーなら信頼できそうに思っている
……でも、彼はずっとリアルであり続けられるのか？
刑務所にいる無実の黒人がみんな上訴請求で出所する
彼が勝つなら、彼は本当に気にかけ続けるだろうか？
きっと……[14]

二〇〇八年の時点でNASはオバマに大きな期待を寄せながら、しかし実に見事な慧眼で未来を懸案している。本当にオバマはリアルなブラザーであり続けるのだろうか、と。

白人選挙民からの票が不可欠であるため、オバマは自分の黒人性を打ち出すことはあまりしなかった。白人の若者層にアピールする程度にはヒップホップを利用するが、あまりに黒人らしさに浸ることは避けていた[15]。二〇〇九年一月、就任を祝う大統領主催の晩餐会で、オバマ夫

妻は女性ジャズ・ベーシスト、エスペランサ・スポルディングを演奏に招き、趣味のよさを示した。だがのちに、オバマは自分のヒップホップ趣味を徐々に明らかにしていく。

もっとも際立った出来事は、再選を果たした後の二〇一三年四月、報道陣向けのディナーパーティでのことだった。このパーティでは大統領がアメリカンジョークを言うのが恒例なのだが、オバマのジョークは、通常の入場曲の代わりにDJキャリッドの「オール・アイ・ドゥ・イズ・ウィン」(二〇一〇)を会場に流すことだった。「私の新しい入場曲は気に入ったかい?」と問いかけ、「二期目だぜ、ベイビー!」と彼は締めた。

選挙に必ず勝つという意志を表していたのだろうが、「オール・アイ・ドゥ・イズ・ウィン」はラップに典型的な内容で、ゲットーと貧困から抜け出して人生に勝ち、大金を手にして散財することが主題だ。大統領に似つかわしくないものだが、だからこそジョークたりえるのだろう。だが、この曲を愛聴するからといって、オバマは「ゲットーの住民を代表する」大統領になり得るのだろうか。

オバマが大統領在任時に人種問題に対して成した功績は、象徴的な意味で、黒人の地位を向上させた、ということに尽きる。二〇一六年、彼は大統領主催パーティに、DJキャリッド、ニッキー・ミナージュ、リック・ロスら、ヒップホップ・アーティストを招待した。感激した

ＤＪキャリッドは、オバマによって大きく時代が変わったとトウィートした。また、オバマはケンドリック・ラマーの作品をその年度の最高傑作と評価した。二十年前、ビル・クリントンとダン・ケイルがラップ・アーティストを名指しで非難していたことを思うと、隔世の感を覚える。

だが具体的な政策となると、白人票を大切にするため、オバマは黒人の地位を向上するような政策を打ち出すことはほとんどなかった。むしろ、彼が行ったのは性的マイノリティの地位の向上だ。二〇一一年九月、米軍の「ドント・アズク、ドント・テル」ポリシーを廃止し、同性愛者であることを公言して入隊することが可能になった。二〇一五年六月に合衆国連邦最高裁が、州による同性婚禁止は違憲であるという判断に至ったのも、大統領が積極的に後押しした結果だ。性的マイノリティをめぐっては歴史的改革を行いながら、人種問題での成果は上げられなかった。二〇一二年のトレイヴォン・マーティン射殺事件の際、二人の娘をもつオバマは、「自分に息子がいればトレイヴォン君に似ていただろう」と哀悼の意を述べたが、銃殺事件は後を絶たず、事態に何も進展はなかった。

ジェイＺら大物アーティストとオバマの交流が深まる一方、オバマに期待を裏切られたと感じ、批判を表明するアーティストも現れた。ＮＡＳやタリブ・クウェリらは、就任当初には期待と希望を抱いていたが、徐々に全面的な支持からは距離を置くようになった。ヒップホップ・アーティストでもっとも辛辣なオバマ批判を繰り広げたのはルーペ・フィアスコだ。オバマの一期目に激化したガザ紛争をめぐり、イスラエルの空爆に対してアメリカが何も行動を起こさないことに、幾人かのアーティストが抗議の声を挙げた。白人票を考慮に入れると、オバマはイスラエルに対して強い働きかけをすることができなかった。もっとも過激だったルーペは、「ワーズ・アイ・ネヴァー・セッド」(二〇一一)でオバマを名指しで批判した。「対テロ戦争だなんてまったく嘘っぱちだと思う/弾丸を使い切るための下手な言い訳だ」「ガザ地区は爆撃を受けている/オバマは何も言いやがらない/だから俺はあいつに投票しない/次の選挙でもだ/俺も諸悪の一部だってわけだ/俺の悪い点は俺が平和を愛することだ/そして俺は民衆を信じる」[16]。パレスチナ系のDJキャリッドがこの件については発言せず、オバマに信頼を寄せているのとは対照的だ。

ルーペ・フィアスコは二〇一一年にCBSのインタビューを受けて、「オバマは最大のテロリストだ」と発言した。他のテロリズムを誘発する行為もまたテロリズムだと彼は説明し、ブッシュ政権の外交政策を引き継ぐオバマは世界のテロリズムを誘発する最大のテロリストだというのだ[17]。二〇一三年一月、オバマの再選を祝福してホワイトハウス近辺で行われたイベントで、主催者はルーペを呼ぶという人選ミスを犯した。ステージに上がったルーペは「ワーズ・アイ・ネヴァー・セッド」の拡張版をひたすらパフォーマンスし続けてオバマ批判を延々と続け、次の出演者の出番がきたためにステージから引きずり降ろされた。

一方、長きにわたってオバマの政治活動を支援したヒップホップ・アーティストの代表格はジェイZだ。二〇一七年十一月のニューヨークタイムズのインタビューで、彼はオバマ政権を総括したコメントを求められた。

Q：オバマに対して何か失望はありますか？　初の黒人大統領として、彼への期待はあまりに大きかったと言われます。彼は人種差別をなくしてすべてを解決するはずだとされた。それは求めすぎか？　彼はあなたの期待に応えましたか？

ジェイZ：そうだね、だって彼ができたことは彼にできるベストだったから。彼はスーパーヒーローじゃない。満たされるはずのない期待を、肌の色のせいでひとりの人間に押し付けるのには無理がある。やってることが反対だ。どうなるんだろう、って考えてみなきゃ。八年間の任期だ。それで彼は四十三人の大統領がやったことを変えなければいけない。八年間で。そんなの無理だ。(18)

タリブ・クウェリもまた、オバマ政権期に、たったひとりの政治家に過度な期待はしないと学んだ。それよりも好意的なジェイZは、進歩は一歩ずつ着実に行われるべきであり、オバマはアメリカ社会を彼にできるかぎり最大の進歩へ導いたと評価する。

その功績についての評価は分かれるとしても、オバマ政権は、ヒップホップがメインストリーム政治から排除されるべきではない重要なツールに発展したことを示した。「アラブの春」でSNSが民主化運動に大きな役割を果たしたように、スマホのビデオカメラ機能は警察の暴力を告発する。ヒップホップがマイノリティの息苦しさを記録する有効なツールであり続けるなら、「よりよい世界」は歌詞のなかの絵空事では決して終わらず、来たるべき未来に向けての有力な提言となり、メインストリーム社会を揺り動かす。ヒップホップによる時代の記録、〈ヒップホップ・クロニクル〉は、いままさに生きられている現在を揺さぶる力なのだ。

Ⅱ　ヒップホップ・ナラティヴ

アフリカ系アメリカ人と自伝の伝統

9・11同時多発テロ事件以前、アメリカ連邦議会が熱心に対処していた問題は音楽作品に対する規制だった。人々をもっとも悩ます娯楽作品群（あるいは芸術形式）はヒップホップ音楽だという(1)。当時民主党上院議員だったジョゼフ・リーバマンが委員会の長となって、録音された音楽に対するレーティング規制を実施しようと検討した。これは映画においてはすでに馴染み深いものだったが、性表現や暴力表現についてレート付けすることで、未成年への悪影響に注意を促すものであった。信教と言論の自由を定めた合衆国憲法補正第1条を強固に支持する人たちは、当然このような規制には反対する。商業的な面から見れば、映画よりも音楽産業のほうが未成年購買層への依存度が高いので、死活問題になってくる。
二〇〇一年六月十二日から二日間、ニューヨークで「ヒップホップ・サミット」が開催された。これは、デフ・ジャム・レコードのラッセル・シモンズ主催による会議で、ショーン・〝パフィ〟・コムやマスターPらが参加し、退廃的という批判が音楽産業に対して高まるなか、表現者の側から何ができるか、どのようにすべきかを話し合うためのものだった。二〇〇一年七月の上院議会の聴聞会で、「ヒップホップ・サミット・アクション・ネットワーク」の代表者としてラッセル・シモンズは、ヒップホップの伝統にのっとって多少無作法な態度をとりながら、次のような「真実」を主張した。

人気が増すとともに責任も増すのだということを、ヒップホップ産業は認識していると私は説明した。内容に関する心配に取り組むためにわれわれがとったいくつかのステップについて概説した。同時に私は、真実を語る芸術を生み出すことに対しての揺るぎなき決意をも表明した。そしてヒップホップのアーティストやプロデューサーたちが非難の的に挙げられるたびに感じる怒りを伝えようとした。〔……〕議員たちが認識すべきことは、ヒップホップは重要な芸術形式であり、ロックンロール以来新しく生まれた最初の音楽ジャンルだということである。それを理解せずに非難するのは無責任である。その莫大な聴衆を無視するのは横柄である。それを沈黙させようとして、その力と芸術的利点を否定するのは、まったく危険なことである。(2)

実際、どんなにその内容を非難されようと、ヒップホップが体現している問題——暴力、銃、ドラッグ、貧困、人種問題、性差別、等々——は、アメリカ社会が抱えている問題そのものなのである。ヒップホップの誕生からわずか四半世紀で、ヒップホップはアメリカの諸問題を政治的に可視化した。そこから目をそらすのではなく、いまもなおヒップホップが日々生産し続けているナラティヴを読み解く必要があるのではないか。

ヒップホップ文化は自己顕示的な特徴をもつ。彼/彼女らは自分の偉大さを主張してやまない。ラップやブレイクダンスは、ストリートで行われる場合、バスケットボールと同じく技術を競い優劣を争う他流試合なのである。ネルソン・ジョージは次のように書いている。「ある種のアフリカ系アメリカ人男性にとって、自尊心と傲慢は電線のように絡み合っている。きつく絡み合ってエネルギーに満ちたこれらふたつの性質は、しばしば過剰な電流となって謙遜というものを焼き尽くす。一般的には、これは悪いこととみなされる。だが、権利を剥奪された男性の世代にとって、これは自分に力を与える大いなる源なのだった。[3]」

公民権運動のあともなお、アフリカ系アメリカ人たちは権利を奪われていると感じており、謙虚になどしていられないのである。するとヒップホップ世代とは、ポスト公民権運動世代と言い直すこともできる。実際ジョージは、ヒップホップを、ある大きな物語が終わったあとの、別の物語の始まりとしてとらえている。公民権運動は確かにある程度の効果を上げ、いくらかの差別を撤廃することができた。そして黒人中流階級と呼ばれる層が確実に増えた。だが、運動指導者の暗殺が相次ぎ、運動に対する公権力の圧力、ニクソンの政策に対する失望、黒人のあいだに広まった麻薬の問題などが重なると、一九七〇年代には公民権運動は失速し、挫折感ばかりが残った。黒人中流階級には、さらに上へとのぼる可能性があらかじめ切り取られていた。貧しい階級はさらに貧困を極め、黒人居住地区のゲットー化が進んだ。公民権運動世代のナラティヴが希望に満ちたものであった一方、ヒップホップ世代のナラティヴは、希望の物語が終焉したあとの挫折から始まる再生の物語なのである。ラキムの次の歌詞は示唆的である。

In this journey you're the journal, I'm the journalist（この航海においてお前たちは日誌であり俺は記録者だ）

Am I eternal? Or an eternalist?(4)（俺は永遠か？　それとも永遠を信じる者なのか？）

これを補足すれば、黒人全体の運命という航海において、お前たち黒人のひとりひとりが記録的証言であり、俺はその記録者だ、ということである。ここでは時代の記録者（ジャーナリスト）としてのラッパーの立場が明示されている。そしてまた同時にわれわれは、すぐれたアフリカ系アメリカ人によるエクリチュール――スレイヴ・ナラティヴ、公民権運動指導者の自伝、等々――は、つねに時代の記録的証言だったことを思い起こさなければならない。

ラップの歌詞は、発生当初は非常に単純なものが多かった。自分の押韻の技術によって聴衆を盛り上げ、楽しくパーティをしようというもの（パーティング）。自分が音楽的にあるいは性的な魅力の面でいかに優れているかを誇張して歌うもの（ボースティング）。一九八〇年代になると、何人かの重要なラッパーの出現とともに、ラップの歌詞に明らかな変化が見られた。文学性が高く、より高級な歌詞を書くと評価されたラキムやクール・モー・ディー、政治的なメッセージをもつパブリック・エナミーや KRS-One、そしてアフリカ系アメリカ人の若者が直面せざるを得ない過酷な現実を、ぞっとするような暴力性を込めて冷徹に伝えたスクーリーDやNWA。とりわけ最後者はギャングスタ・ラップというサブジャンルを生んで全米を席巻した。ギャングスタのラッパーたちは、銃と犯罪と麻薬に汚染された自分たちの居住地区の現実を、よりリアルに、よりハードコアに、聴衆に伝えようとする。彼らは自分がストリートで実際に経験したことを歌っているのだと主張する。すると、音楽史上に類を見ないほど、ラップという音楽は自伝的なジャンルへと変化した。

もちろん、ラッパーたちがいかに自分の経験を〈リアル〉なものだと主張しようと、それは脚色され誇張されたものなのだから、自伝というには程遠いという反論もありえるだろう。だが、それは自伝というジャンルが不可避的に孕んでいる問題なのである。脚色や誇張がなく、すべてが事実であるという自伝は、いったい可能なのか。フランスの自伝研究家フィリップ・ルジュンヌが言うように、自伝を読むことは、書かれていることが本当に事実がどうかを確認する「推測ゲーム」ではない。作者が自分の名前を記し、これは自分の人生に本当に起こったことだと宣言する。この「自伝契約」とルジュンヌが呼ぶ手続きこそ自伝の本質であり、自伝というジャンルの動力源なのである。(5)

ラップ音楽をアフリカ系アメリカ人による自伝表現としてとらえた場合、一九九〇年代に入ってからは、大量の自伝作品が巷間に溢れたことになる。これほど大量の自伝が書かれた時代を過去に見るなら、合衆国においては、まず十九世紀のスレイヴ・ナラティヴの時代、そして一九六〇年代の公民権運動の時代が思い起こされる。いずれもアフリカ系アメリカ人の歴史において、さらには合衆国の歴史において、重要な時代である。

黒人奴隷による自伝、スレイヴ・ナラティヴは、古い例では十八世紀末にすでに出版されていたことが確認されているが、その多くは南北戦争の時期に前後して、奴隷制の告発のために逃亡奴隷や自由を得た元奴隷によって書かれ、推定によると百七十年間のあいだに六千もの量のアフリカ系アメリカ人奴隷による自伝が出版されている。公民権運動の時期の自伝群については——ここではとりあえず公民権運動ナラティヴと呼ぶが——この運動に重要な立場としてかかわった人はほとんどが自伝を書いていることに注目すべきだろう。マーティン・ルサー・キング牧師やマルコムXはもちろんのこと、キング牧師の夫人や、ローザ・パークス、そしてSNCCやブラック・パンサー党などの団体の指導者たち、等々、主要な人物はみな自伝を書いている。アフリカ系アメリカ人にとって、自分の生涯を語ることがいかに重要であるかがわかるだろう。

非黒人のユダヤ系でありながらアフリカ系アメリカ人の自伝の系譜を研究したクリスピン・サートウェルがその著書において、スレイヴ・ナラティヴ、W・E・B・デュボイス、マルコムX、ゾラ・ニール・ハーストンの自伝を論じたあと、最終章でラップ音楽を取り上げたのは、決して奇を衒ったことではなく、当然の帰結であった。「これまでの章で扱ってきたテーマのすべてが――真実、二重の意識、自己嫌悪、自己主張、断片化、断片化から生まれる欲望――ラップにおいては様々な角度から探究されていることを指摘しておくことは適切であると思う」とサートウェルは述べている。(6)ただしラップに特有なのは、力に対する指向と、力をめぐる自己矛盾である。ラップを異常な突然発生的なものとしてとらえるのではなく、いかに亜種的とはいえ、アフリカ系アメリカ人の自伝伝統のなかで生まれてきたものとして分析することが、明らかに有効なのである。

知と再生

では、ヒップホップ世代をもっともよく代表する人物は誰か。ネルソン・ジョージは、ミュージシャンではなく、あえてプロボクサーのマイク・タイソンの名を挙げている。(7)タイソンが生きたヒップホップ的な生について、ここで再確認しておこう。

一九六六年生まれのマイク・タイソンは、ニューヨーク市ブルックリンのブラウンズヴィル地区(ハードコア・ラップ・デュオM・O・Pが「勇者の故郷(home of the brave)」と呼ぶ地区）で、喧嘩と軽犯罪に明け暮れる少年時代を過ごした。十三歳のときに青少年矯正施設に入れられ、そこで伝説的なトレーナー、ガス・ダマートと出会い、ボクシングを知る。それからは街中での喧嘩とは縁を切り、ボクシングに打ち込み、ついにはヘビー級世界統一チャンピオンへと登りつめた。ここまでは見事なサクセス・ストーリーだ。頂点に登りつめたあと、いったい何が彼を狂わせたのか、ここでは詳らかにできないが、よく知られているようにレイプや暴力沙汰で入獄を繰り返し、ボクシングでの名声も徐々に色褪せ、一九九七年のエヴァンダー・ホリフィールド戦では相手の耳に噛み付く奇行を演じている。タイソン的生の物語とは、貧困、暴力、犯罪、入獄、改心、再生、成功、不安……という段階を踏んでいる。なるほど、これをヒップホップを体現する生き方ととらえるのは、確かに当を得ている。多くのラップ音楽の物語も、ある程度この段階を踏むからだ。ならず者（thug）からスーパースターへ。だがこのヒップホップ的生き方には先駆者がいることも、たちまち想起されるだろう。マルコムＸである。

マルコムＸ、本名マルコム・リトルもまた、ならず者からスーパースターへと駆け上がった人物だ。彼がアレックス・ヘイリーに口述した『マルコムＸ自伝』は、アフリカ系アメリカ人によって書かれた自伝のなかでももっとも重要なもののひとつだが、この作品が感銘を与える点は、黒人運動の指導者として頂点に立ちながらも、彼はその高みから正義を説くのではなく、愚かだったころの自分を昔のまま読者に提示しようと心がけていることである。自伝とは、現在の自分が過去を振り返るのがその本質であるから、作者はどうしてもいまの自分の立場から注釈を施したい欲求に駆られる。過去に過ちを犯したことを告白するにしても、自己弁明を加えずにはいられないものである。『マルコムX自伝』の稀有な点は、一九六四年のマルコムXが一九四六年のマルコム・リトルについて解説しているのではなく、一九四六年時点の愚かなマルコム・リトルの思考がそのまま後知恵なしに提示されていることである。ネイション・オヴ・イスラムに入信したあとは、しばらくは教祖であるイライジャ・ムハマッドへの狂信状態が続く。このときの自分は間違っていた、などといった弁明は一切書かれない。『自伝』を途中で読むのをやめた人は、マルコムXは過激な分離主義者だという思いを強めるだろう。だが、暗殺される直前の彼は、師の教えに疑問を抱くようになり、白人との融合を考えるようになるのである。自伝を語っている時点のマルコムは、自伝に語られている時点のマルコムとは明らかに違う人物なのだが、現在の自分を語りに反映させないように抑制されている。これはもちろん、実際の執筆者アレックス・ヘイリーがいたからこそ可能になったことだろう。

ヒップホップ・ナラティヴの原型として『マルコムX自伝』をとらえるときに強調したいの

は、愚かな自分をさらけ出すということの潔さである。自分の愚かさをさらけ出しても、それによって読者から非難を受けるわけではなく、むしろここで告発されているのは、黒人が愚かに生きざるを得ないように仕向けているアメリカ社会の構造である。すべてをさらけ出すことの意味について、マルコム自身は次のように語っている。これはならず者時代の自分の運も尽きて（彼は逆にアラーのご加護と言っているが）、警察に捕まり刑務所に入れられようとする段階まで語り終わったときの文章である。

先へ進む前に私が言いたいことは、いままで私は誰にも自分のあさましい過去をつぶさに語ったことはないということである。自分がいかにチンピラで悪かったか、私が自慢しているかのように思われようとして、いまこんなことを語ったわけではない。

だが人々はいつも勝手に推測している——どうして私はこのような私なのか？　誰かについて理解しようとするなら、その人の誕生からの全生涯が吟味されねばならない。人格には、その人のすべての経験が混ざり込んでいる。その人に起こったすべてが構成要素なのである。

今日、私の仕事はすべて緊急性を帯びているため、読者を刺激することが目的であるような本の準備のためには一時間たりとも割く暇はない。だが、私がたくさんの時間を費やしているのはなぜかというと、私がアメリカの白人社会のどん底まで落ち込み、そのとき——もうすぐ、刑務所のなかで——私はアラーとイスラムの教えに出会い、それは私の人生を完全に変えてしまったのだということを、読者に示し、理解してもらうには、すべてを物語ることこそ私の知る最善の方法だからなのである。(8)

人生が完全に変わったこの瞬間——これはあまりにも重要であるため、現在の私が過去の語りに侵食しないという『自伝』の抑制はここで破られることになる。刑事に捕まった瞬間について、「そのときすでにアラーが私についていてくださったのだと、今日私は信じている」(9)と語り手は例外的に現在の視点で振り返る。無抵抗で彼は逮捕されたが、もし抵抗していれば周囲に待機していた警官たちに撃ち殺されていたはずだし、仮にその場に居合わせなかったとしても、女性関係のもつれから彼を憎んでいた男が、彼を殺そうとして住居で待ち構えていたのである。

刑務所のなかで、彼はイスラム教と出会い、生まれ変わり、猛勉強を始める。獄中での再生とは、まさにマイク・タイソンの例と同じである。イスラム教にかぎらず、獄中で〈知〉と出会い、再生を遂げるというパターンは、アフリカ系アメリカ人の自伝においては他にも例を探すことができる。ブラック・パンサー党の「情報省」を務めたエルドリッジ・クリーヴァーの古典的自伝『ソウル・オン・アイス』(一九六八)も、大半が獄中で書かれたものだった。そして、ヒップホップ世代を代表する自伝作品、元ギャング団の一員にしてのちに黒人運動家に生まれ変わったサニカ・シャクール別名モンスター・コーディ・スコットの『モンスター——LAギャングの自伝』もまた、あきれるほど『マルコムX自伝』のパターンを踏襲するのである。

ロサンゼルスのサウスセントラル地区で、「ブラッズ」と「クリップス」という二大ギャング団が無益な抗争を何十年ものあいだ繰り広げていることはよく知られている。この地区に生まれた黒人の若者は、どちらかのグループに入団しなければならない宿命を背負っている。一九六四年生まれのコーディ・スコットは、十一歳のときに、クリップスの先輩ギャングに八発入りのマシンガンを手渡され、敵のブラッズの縄張りで全発撃ち放してくれば入団させてやると言われる。入団試験をあっさりとパスしてしまったスコットは、それ以来「モンスター」の異名をとり、もっとも勇猛果敢な戦士としてギャング抗争に明け暮れるのである——入獄して再生を遂げるまでは。

この桁外れな自伝を前にしては、もはや暴力についての善悪を説くことすら無意味に思えてくる。ここにあるのは、マルコムXが行った「すべての経験を語る」ことの、一九八〇年代的な極限である。スコットが特殊な人間であるのではなく、一九八〇年代のサウスセントラルに暮らす黒人の現実が語られているのである。何かの印刷ミスではないかと思わず目を疑うような、恐ろしい告白をひとつ紹介しよう。

仲間のクリスの妹が、敵の一味に誘拐された。妹はギャング団とはまったく関係のない「一般市民」である。誘拐されてどのような仕打ちを受けたかは語るに及ばないだろう。そこでスコットたちは、復讐のための作戦会議を開く。こちらは一般市民ではなく必ず相手側一味を捕まえて、殺すのではなく、たとえば耳をそぎ落とすなどして、われわれが本気であることを示す生ける証しにしてやろうと企てる。だが、敵地に乗り込んでも、敵のメンバーはまったく見つからない。そこで、最近頭角を現してきた別の男を捕まえ（この男は敵の一味ではあるが、誘拐事件とは何のかかわりもない）、両腕を斧で切り落とし、片方は道端に捨て、片方は戦利品として持ち帰る（この行為にスコットは加わっていないような書き方はしてある）――

その晩遅く、俺たちはパーティを開いて楽しんだ。切り取られた腕は、作戦完了の証拠として集会に持ち込まれた。もうこれで誘拐沙汰は起こらなくなったし、俺たちの戦争はこれ以後「通常の」様相で進んだ。引き続く捜査のあいだ、警察当局は苛立ちを示したが、それは行為そのものに対してではなく、被害者のもう片方の腕が見つけられないことに対する苛立ちだった。このことから俺たちは、ある種の行いに対して抑止効果が生まれたことを学んだ。どうやらそのとき俺たちは、ある種のことに対しては絶対容赦しないのだというルールを生み出したのだ(10)。

この語り手は、この文章を書いている時点ではすでに改心し、ギャング撲滅のための運動をしているのだが、ここでは『マルコムX自伝』の技巧に倣って、現在の立場からの反省を一切加えない、その当時の愚かさを当時の思考そのままに提示するスタイルをとっている。当然ながら、自伝において語り手は成長し、この愚かさの状態から脱出しなければならない。マルコムXが獄中で『コーラン』と出会ったように、スコットも獄中で書物と出会い、徐々に生まれ変わっていく。スコットが獄中で感銘を受ける書物とは、そう、『マルコムX自伝』なのである。

言葉の大事さに対する認識は、ギャング時代のスコットにすでにあった。彼はたまたま手元にあった漫画本を開いてみたことがあった。ところが、最後まで読み通せないことに愕然とした。自分は漫画すら読めないほど、字が読めないのである。自分の無知に対するこの苛立ちは、敵の銃に撃たれて重症を負い、入院したとき、見舞ってくれた友に的確な言葉をかけられないときの苛立ちへとつながり、読者はここに救いを見出すことになる。

俺たちは、俺の手術の縫い跡が許すかぎり、短く抱き合い、そしてブローは振り返りもせずに立ち去った。こんなときこそ、俺は自分の人生が嫌になった。おそらくこれは、俺がある種の問いに答えられないからか、知的なレベルで感情を表すことができないからだった。無知であるということは、俺にとって、死んでいるのと同じことだった。(11)

無知であることへの不安、読み書きの重要性とは、アフリカ系アメリカ人の自伝においては、すでにスレイヴ・ナラティヴにおいて繰り返し言及されてきたことではないか。知、書物、あるいは読み書きとの出会い、そして再生――これはスレイヴ・ナラティヴから公民権運動ナラティヴを経てヒップホップ・ナラティヴにいたるまで連綿と続く重要な主題なのである。

コーディ・スコットの自伝を読むだけでも十分に衝撃的な読書体験だが、二〇〇四年にはさらに大物の自伝が出版された。クリップスの創設者のひとりで死刑囚、スタンリー・〝トゥッキー〟・ウィリアムズの自伝である。

一九五三年生まれのウィリアムズは、一九七〇年前後に盟友レイモンド・ワシントンとともにロサンゼルス市サウスセントラルでストリート・ギャングを発展させ、多くの小グループを吸収してクリップスという一大勢力を築き上げた。一九七九年、彼自身は関与を否定する四人の殺害で死刑判決を受ける。獄中でギャング暴力の根絶運動を始め、一九九七年、児童書としてギャング、銃、ドラッグの悪影響を説く一連の書物を出版。数ヵ国で翻訳され、世界の青少年の非行化防止に貢献したとして、二〇〇一年から毎年ノーベル平和賞や文学賞の候補に挙がった。二〇〇三年、ジェイミー・フォックス主演で彼の生涯を描いたテレビ映画『リデンプション（償い）』が制作された。ジェイミー・フォックスらが恩赦を求める署名活動を行ったが、断固として無実を主張したウィリアムズは、反省が見られないとアーノルド・シュワルツェネッガー州知事から判断され、二〇〇五年十二月十三日に処刑された。

ギャングから死刑囚へ、そしてノーベル賞候補者へ。ウィリアムズの生涯もまた極端な変動の弧を描いた。

彼の自伝『青の憤怒、黒の贖罪』は、やはり入獄を重要な契機としているが、これまでみた作品とは趣を異にする。マルコムX、マイク・タイソン、コーディ・スコットが、入獄を機に改心し、生まれ変わったのに対し、ウィリアムズは生まれ変わることがない。それは、彼が死刑囚として生涯を刑務所で過ごさなければならなかったからであり、スコットらのように出所して新たな生を送ることはできなかったからだ。自伝は二部構成をとり、前半「青の憤怒」では誕生からクリップスの活動までが語られる。青はクリップスのチームカラーだ。入獄してからの後半「黒の贖罪」では、彼の精神の変容が語られる。彼は自分が犯していない殺人の罪を贖うのではない。黒人を包み込むアメリカの社会システムの負の連鎖に引き込まれ、暴力を礼賛し、ギャングを拡大してしまったおのれの罪を贖うのだ。

幼いころからウィリアムズは、黒人に対するネガティヴなステレオタイプを信じ込まされ、教育からの脱落、黒人同士の憎悪、自己嫌悪を当然のことと思ってしまった。力こそ正義だと信じ、体を鍛え、喧嘩に明け暮れ、いつか自分たちの仲間を守るための自警組織としてギャング団を作り上げた。

一九七九年、彼の主張では、彼の仲間が捜査官から不当な暴力的取り調べを受け、殺人事件に彼が関与しているという証言を強要された[12]。死刑判決を受け、残りの生涯のほとんどを彼はカリフォルニア州サンクウェンティン刑務所で過ごすことになる。それは、マルコムXが「アラーの加護だ」と述懐したような経験とはまるで異なっていた。再審要求をしても出所の可能性は乏しく、彼は出所して生まれ変わるどころか、獄中を新たな現実とし、獄中でもやはり、アメリカの不当な法システムと人種差別に対する抵抗を続けねばならなかった。

獄中で、ウィリアムズは書物との運命的な出会いを経験しなかった。多くの人が本を薦めてくれたが、彼には読み書き能力が備わっていなかった。彼は読書よりも、囚人仲間とのボキャブラリークイズで語彙を育てていった。入所間もないころを述懐して彼は次のように書く——


多くの人たちが、自分の生を根本的に変えてしまうような霊的顕現を経験したと語っている。私は残念ながら、眩い光、幻視、あるいは無限の知恵といったものに、私の世界を根底から揺さぶられるようなことがなかった。頭が固かったので、空が落ちてくるようなことでもなければ、自分の人生に変化が必要だと気付くこともなかっただろう[13]。

ウィリアムズの場合、変化は劇的なかたちでは訪れなかった。変化は徐々に彼に訪れ、少しずつ彼は生まれ変わるのである。獄中でも肉体を鍛えて筋肉を増大することばかりに没頭していた彼は、絵を描いたり、詩を書いたりすることに喜びを見出すようになった。読むことよりも、書くことで彼は書物と出会い、生まれ変わった。彼はギャング暴力の根絶のために精力を注ぎ、少年少女たちが道を踏みはずさないように啓蒙の書を書いた。そのころには、彼は変化の必要性を理解し、新しい存在へ生まれ変わり、贖罪の意識をもっていた。

私の苦闘はどの側面においても、私を束縛した要素、私自身に始まりさらに外から作用する要素に打ち勝つために生み出された。私は理解し始めていた。これら機能不全の要素――ドラッグ中毒、貧困、ギャングスター志向、人種差別、その他の障壁――との経験は、私の人生の言い訳に過ぎなかった。これ以上私の行動は盲目無知に支配されはしない。もう二度と私は自分がどうあるべきかを決めるのに周りの環境を言い訳にはしない。日々の勉学と問答が私の自己探求を促した。批判的論究の感覚が私に芽生え、そこから初めて道義心が生まれた。

私は愕然とした。この瞬間、贖いの念が私の生と融和した。そのときまで、私は自分にこんなことが起こる兆しを感じずにいた。私の贖いを記す決定的な瞬間などなく、空から理性の声が聞こえることもなく、衝撃的エネルギーもなかった。教育と内省の道をたどって私は考えることができるようになり、犯罪、ドラッグ、無意味な暴力を拒絶する道義心を養うことができた。贖いによって私は過去の無分別を認めて償い、繰り返したり新たに生み出すことのないように誓い――そして平和を望む若者と大人たちにオリーブの枝を広げ伸ばした。(14)

自伝の巻末で、ウィリアムズは二十年以上会っていなかった息子スタンと再会する。面会ではない。息子もまた、終身刑の判決を受けて入獄してきたのだ。父として不在であったことに罪悪感を感じ、ウィリアムズは息子に謝罪する。息子スタンは父に「許すよ」と声をかける。「許す」という言葉はウィリアムズが息子以外の他の誰からも聞いたことのない言葉だった。その言葉に彼は救われ、世界中の他人の息子と娘たちのために、自分の声を届け続けようと確信するのだった。自分と同じ道を歩むなと。

無知と隷属

無知は常に過ちを引き起こす。そのため知識、すなわち書物との出会いは、アフリカ系アメリカ人の自伝において、繰り返し重要な契機となる。スレイヴ・ナラティヴにまでさかのぼり、語り手と書物の出会いを探れば、もちろん聖書との出会いが挙げられる。ヘンリー・ルイス・ゲイツ・ジュニアは、最初期のスレイヴ・ナラティヴを発掘紹介しているが、一七七〇年代から十九世紀初めにかけてのいくつかの自伝に共通の特徴を、「語りかける書（talking book）」という比喩だと指摘している。奴隷の語り手たちは、主人が聖書を読んでいる姿を見て、書物が言葉を語りかけてきているのだと、一様に思い込む。そして自分でもこっそり聖書を取って耳に当ててみるのだが、自分が黒人であるために、書物が語りかけてこないことを知ってショックを受けるのである。「アフリカの貴公子」でありながら好奇心から奴隷船に乗ったジェイムズ・アルバート・ウカウサウ・グロニオサウの自伝の次のような描写がその典型である。

彼〔私の主人〕は安息日ごとに船の乗組員たちの前で祈祷を読み上げた。そして私は初めて彼が読むのを見たが、書物が私の主人に語りかけるのを見たときほど、生涯のなかで驚いたことはなかった。というのも、彼が書物に目をやり、唇を動かすのを見たとき、私は本当に書物が語りかけたと思ったのだ。——私はその本が自分にもそうしてくれることを願った。——主人が読み終えるや否や、私は彼を追って彼が本を置いた場所まで行き、とてもうれしくなり、誰も見ていないすきに、それを開いて耳をそばまで押しつけ、それが何か話してくれることを大いに期待した。だが、とても残念で大いにがっかりさせられたことに、それは何も話してくれないことに気づいた。こんな考えがすぐに私に浮かんだ、すなわち、あらゆる人、あらゆる物が、私が黒人なので私を蔑んでいるのだと。(15)

グロニオサウはこのとき以来、読み書きの勉強を熱心に始める。そして聖書が読めるようになっていくのだが、一方で、黒人のほとんどが聖書を読めずキリスト教を知らないのだから、黒人は白人よりも劣っていて、支配されるのも当然だと考えるようになる。スレイヴ・ナラティヴは奴隷制を告発するためのものであるはずなのに、最初期のこの作品が白人の優位性を黒人みずから説いてしまったのはまったく皮肉なことであった。ここにあるのは黒人のアイデンティティーではなく、白人世界への再生である。ゲイツが言うように、「語りかける書」とは実は声の不在であり、これら初期スレイヴ・ナラティヴにおいて、「黒人性とは不在の象徴なのである(16)」。

奴隷制を一種の牢獄としてとらえるならば、アフリカ系アメリカ人の言語表現の伝統の最初期から、無知、入獄、〈知〉との出会い、再生、というパターンがやはり浮かび上がってくる。このジャンルを代表するフレデリック・ダグラスの『自伝』にいたるとようやく、堂々としたキリスト教批判もうかがえるわけだが、ダグラスもまたもちろん読み書きの重要性を指摘している。そもそも主人たちは、奴隷たちが自分でものを考えるのを封じるために、奴隷が読み書きを学ぶことを禁じていた。親切な夫人がダグラスに読み書きを教えていると、主人が警告を与えるのである。

「もしもあの黒人に（私のことを言って）読むことを教えたら、もう奴を抑えることはできなくなる。奴隷であることは奴にとって永遠にそぐわないことになるだろう。奴はすぐに扱いづらい存在になって、主人にとっては価値のないものになるだろう。奴自身についても、そのことはまったくよいことではなく、ひどい害を及ぼす。奴は不満を覚え、不幸になるだろう。」この言葉は私に深く染み込んだ。〔……〕この瞬間以来、私は奴隷から自由へといたる道を理解した。〔……〕教師なしに学ぶことの困難を知りつつ、私は高い希望と、しっかりとした目的をもって、どんな困難を伴おうとも、読むことを身に付けようと決めた。(17)

ここでもやはり、ある瞬間以来の生まれ変わりが語られている。このとき以来、ダグラスは単なる奴隷ではなくなったのである。だがそれにしても、十九世紀の奴隷制時代に読み書きのできない黒人が隷属状態にあった構図が、一九九〇年代にいたっても反復され、コーディ・スコットの自伝作品でも読み書きのできない黒人の惨状が語られることになるのを読むのは、何とも傷ましいことである。

ぼくは生まれ変わる

生まれ変わりがアフリカ系アメリカ人の自伝の重要な契機であるなら、もっとも影響力のあるひとりの人物の生まれ変わりを無視することはできない。マイケル・ジャクソンである。ヒップホップというジャンルには収まらないが、彼が黒人音楽を代表する人物であることは疑いようがない。二〇〇九年に没した彼の四十年を超す音楽活動の軌跡において、彼の歌詞群を、（たとえ作詞担当が彼自身ではなくとも）〈自伝〉として読むことで、そこにアフリカ系アメリカ人の表現の伝統を見出すことができるはずだ。彼もまた、生まれ変わりを経験した。もちろん、歌のなかで彼が描き上げる自画像が、つねに正確なものとはかぎらない。しかし自伝とは、つねに真偽に対する疑問をはらむジャンルである。むしろ自伝の魅力は、自伝作家がいかにアイデンティティーを希求し、それを確立していくかというプロセスにある。その点でマイケル・ジャクソンの歌詞群は、アルバムの発表毎に更新されたつねに未完の自伝であり、メディアが作り上げる虚像に抗って自己を規定しようとした苦闘の記録として読むことができる。

空前絶後のヒット作『スリラー』（一九八二）は、ＭＴＶにおける、黒人の映像は流さないという暗黙のルールを覆し、アメリカの音楽業界に地殻変動を起こした作品として知られている。いま、この作品で描かれていた黒人男性像を観察すると、それがまさにメインストリーム文化が黒人文化を消費する際に求めていたものと一致していたことに気がつく。ギャングの暴力、女性嫌悪、家庭の崩壊――それらはヒップホップの悪しき特徴としてのちに大量消費されることになる。(18)

ストーカー的なファンに追いかけられた実体験から生まれたという「ビリー・ジーン」。ビリー・ジーンという女から子供の認知を迫られた歌い手は、まったく身に覚えのないことだと突き放し、「ビリー・ジーン、彼女はぼくの恋人じゃない」「あの子はぼくの息子じゃない」と主張する。だが、そのサビ部分があまりに執拗に繰り返されるので、偏執的なのはビリー・ジーンではなく歌い手のほうではないかという不安を聞き手は覚えるのである。彼女が提示した証拠写真に写っていた男は、なるほど「目元が自分に似ていた」という。この巧妙な一節を加えることによって、マイケルは歌い手と女性のどちらが正しいのかを曖昧にした。ここで問題とすべきは、子供の父親は誰かということではない。歌い手が父親ではないとき、シングルマザーとその子供、という家庭状況が残ることにこそ注意すべきである。一九七〇年代から八〇年代にかけて、アメリカの若い黒人男性は、就職と収入面で不利をこうむることが多く、そのため家庭を築くという責任から逃避する傾向があった。「ビリー・ジーン」は、スターとファンの関係を偏執的に物語る一方で、崩壊していく黒人労働者階級の家庭を隠し絵的に描いていた。

ギャング暴力への反対を表明した「今夜はビート・イット」はどうか。伝記的にみれば、少年時代に父親からひどく体罰を受けたため、マイケルは反暴力主義者となった。この曲はその表明だといわれる。実際、ダンスに熱中することによってギャングの抗争をなくそうという運動は、同時期にアフリカ・バンバータらによって行われていた。ただし、「今夜はビート・イット」において注意すべきは、それが二人称で語られるという点である。「ビート・イット」すなわち「ずらかれ」とは、弱くて勝ち目のない「おまえ」がすべきことであり、歌い手がすることではない。自分が強い男である可能性を最大限に残したこの曲は、のちのギャングスタ・ラップが得意げにストリートでの処世訓を語るのに似ている。自慢を繰り広げる一方、相手をからかうというアメリカ黒人男性特有の言語表現の伝統をこの曲は継承しているのである。

のちにヒップホップによって大量消費される暴力や女性嫌悪の表現が、アルバム『スリラー』では大衆受けするかたちで提示されていた。するとタイトル曲「スリラー」に現れるゾンビたちの正体が何者かは明白だろう。グランドマスター・フラッシュ&ザ・フュリアス・ファイヴなら、「ザ・メッセージ」(一九八一)において、麻薬中毒者、犯罪者、偏執狂が跋扈するジャングルのようなゲットーで、正気を保つことがいかに困難であるかを〈リアル〉に表現したわけだが、「スリラー」はまさに同じその狂気を暗喩として提示したのである。そして、暴力と犯罪が支配する廃墟としてのゲットーとは、この時期のテレビメディアがもっとも望んでいた刺激的な題材だった。このように、『スリラー』のマイケルの歌詞は、当時のメインストリーム文化が求めるものを絶妙に表現していたわけだが、それはマイケルがヒップホップを意識していたというよりも、すでに一九七〇年代からゲットーのタフな暮らしを活写していたボビー・ウーマックのような〈詩人〉の伝統を継承していたことを示すのであろう。

アルバム『バッド』（一九八七）でマイケルは、『スリラー』が生み出した自己イメージを破壊しようと試みた。[19] タイトル曲「バッド」において「おれはワルだ」と連呼するが、キメの部分でひるがえって「誰がワルだ？」と問い返す。ここでの「ワル」とは、社会の常識に反逆する者のことであり、常識のほうが間違っているのであれば、誰がワルであるかは決定できない。「今夜はビート・イット」でワルに憧れる若者を歌ったのとは明らかに異なる。そしてこのような精神的成長は、「マン・イン・ザ・ミラー」において顕著に見られる。「ぼくは生まれ変わる／一生で一度のこと」と冒頭で宣言し、街角に溢れる飢えた子供たちのことを歌い手は見据える。『スリラー』においては妄執の材料に過ぎなかった街頭の狂気に対して、目を背けることなく解決のための努力をしようというのである。この姿勢はすでに「ウィ・アー・ザ・ワールド」（一九八五）で示されていたが、さらに「ヒール・ザ・ワールド」（一九九一）へと引き継がれる。「この世界をよりよいものにしよう」という楽観的なメッセージは、「イエス・ウィ・キャン」（一九七〇）のリー・ドーシーに見られるような黒人音楽の古典的言説と共鳴する。

「ブラック・オア・ホワイト」（一九九一）や「ゼイ・ドント・ケア・アバウト・アス」（一九九五）のPVで繰り広げられるダンスによる暴力表現は、彼が決して白人社会に迎合していたわけではないことを示している。彼は社会の変革を唱える異端者としての怒りをダンスで表現したのである。その「ブラック・オア・ホワイト」では、もはや自分の恋人が「黒人か白人かなんてどうでもいい」と言い放つ。この大胆な人種観は、黒人と白人の融和を夢見たキング牧師につながるものである。

マイケルの歌詞全体を〈自伝〉として読むとき、困難に満ちた環境、そこからの脱出と再生、社会改革の主張、といったテーマにわれわれは対峙する。これは、すでに見てきたように、奴隷制時代のフレデリック・ダグラスや、公民権運動時代のマルコムXにも共通する、アフリカ系アメリカ人の自伝の重要なパターーンである。人種を越えたスーパースター、マイケル・ジャクソンは、実は社会改革者として、アフリカ系アメリカ人の自己表現の伝統に深く根ざしていたのである。

知は君臨す

ユダヤ系移民女性メアリー・アンティンが自伝『約束の地』に付した序文は、マイノリティにとって自伝というジャンルがもつ特質を単純明快に語る言葉から始まる。「私は生まれ、私は生き、そして私は生まれ変わった。私の人生の物語を書くべきときが来たのではないか？」[20] このときアンティンは三十一歳だった。伝統的なジャンルとしての自伝とは、功なり名を遂げた者が、人生を振り返って、その成功の裏に隠された神秘を解き明かすものである。語り手は、読者に助言や教訓を与えようとする。その一方で、マイノリティによる新しいタイプの自伝とは、もちろん多少の成功者意識はあるだろうが、本質的に、「生まれ」た社会の告発と、「生き」方の告白と、「生まれ変わ」りという貴重な体験の記述という手続きを踏むものである。

さて、冒頭で触れたように、ラップ音楽が大量生産するナラティヴが、その過剰な暴力性と即物性ゆえに政治家たちの批判を受けた。だが、自分の愚かさを（あたかも愚かさに気づいていないかのように）すべて告白し、それによって社会の歪みを前景化する手法は、これまで見てきたようにアフリカ系アメリカ人の自伝表現の伝統ではないか。ラップは若いジャンルであり、したがってラップが語っているのはつねに未完の自伝である。〈再生〉へといたる一歩手前の状態を描いているのだと言えはしないか。何人かのラッパーたちは無知のまま消えていく。そして言葉の才能を磨き抜いた何人かのラッパーたちは、今後必ず成熟した表現をわれわれに提示するはずである。(21)

古株のラッパーのなかには、すでに野蛮から再生の道を歩んだものもいる。KRS-One がそのよい例であろう。彼の名は、“Knowledge Reigns Supreme Over Nearly Everyone”（知はほとんどすべての者に対して崇高に君臨する）の略である。彼がＤＪのスコット・ラロックとともにブギー・ダウン・プロダクションズというグループを組み、一九八七年に『クリミナル・マインディド』というアルバムを発表したとき、それはのちのギャングスタ・ラップの先駆けとなる暴力性を多分に含んでいた。例えば「９㎜・ゴーズ・バング」という歌は次のような内容である。

俺はピーターって名前の麻薬の売人と知り合いだった
俺の九ミリ口径の銃で奴を撃ち殺さなけりゃならなかった

奴は俺が奴の女を取ったって言うんで、「お前は何なんだ？　アホか？」って言ってやった
でも奴は俺をハメようとしていて、KRS-One にはそんなことお見通しだった
奴はピストルに手をかけたが、無駄だった
俺の九ミリ口径が奴の顔に突き立てられてたからだ
それでも奴はピストルを抜き、俺は鉛の弾をたっぷり食らわせてやった
でも奴が崩れ落ちる前に聞いた俺の言葉は――
「ワデャデャデャン、ワデャデャデャデャン
俺の九ミリ口径が火を吹くのを聞け
ワデャデャデャン、ワデャデャデャデャン
これが KRS-One 様だ(22)」

ここでは鼻歌混じりに銃を撃って人を殺す冷徹な自画像が描かれている。続く歌詞では、報復に来たピーターの仲間たちを返り討ちにしている。この自画像はどうやらフィクションであるらしいが、すでにコーディ・スコットの自伝でみたように、決して現実から乖離してはいな

い描写なのである。そのために悲劇が起こった。グループのメンバーが、女性関係のもつれで、ブロンクスの麻薬の売人ともめ事を起こしてしまった。KRS-Oneとスコット・ラロックは、話し合いで決着をつけようとして、相手の縄張りに乗り込むのだが、彼らの音楽を知っていた相手は、鼻歌混じりに銃を撃つKRS-Oneの凶暴性を恐れて、先手必勝とばかりに発砲し、そのためにラロックが撃たれて死んだ。黒人同士の事件ではよくあるように、この殺人では誰も起訴されなかったという(23)。

盟友をなくしたこの事件以来、KRS-Oneは生まれ変わった。みずからを「ザ・ティーチャー」と任じ、無知な黒人の若者の啓発に勤めるようになった。他のミュージシャンとともに、黒人社会から暴力をなくすための活動、「ストップ・ザ・バイオレンス」運動を始め、各地の大学などで講演活動を行っている。先述の曲の六年後に発表されたKRS-Oneのソロ・アルバムでは、その自伝的な表現に明らかな変化が見られる。例えば非常に自伝的な内容の「アウタ・ヒア」は、言葉遣いの威勢のよさはそのままだが、志の面では大きく異なっている。

評論家の連中がつべつこべ言うと、俺はうんざりしたもんだ
スコットは言ったさ、「ラップし続けろ、俺はレコードを回し続ける」

ひでぇ条件の契約があったが、俺たちはサインした
で、ヒップホップ・アルバム『クリミナル・マインディド』を発表した
俺たちは批評家連中に、てめぇらの意見はカスだと言ってやった
同じころ、エリックB&ラキムが『ペイド・イン・フル』を発表した
頼んでもいないのに俺たちはヒップホップのパイオニアになった
だがまさにそのとき以来、ヒップホップは根本から変わった
誰も昔のラップを聞かなくなった
俺たちはジェイムズ・ブラウンのビートをサンプルし始めた
「マイ・フィロソフィ」って曲をやってるさなかに
スコットが殺されて、そのことは俺にはこたえた
だが生と死の掟を知っていたから
あいつの息吹は俺の息吹とひとつなのだとわかっていた
俺には何も残されていなくて、怖くなった
それで俺は『バイ・オール・ミーンズ・ネセサリ』を発表した
俺の友達のもうひとつのヒップホップ・グループは革命的な連中パブリック・エナミーだ

彼らの『イット・テイクス・ア・ネイション・オヴ・ミリオンズ・トゥ・ホールド・アス・バック』

とともに二枚のアルバムはラップに意識革命をもたらした
だがそのあいだ、おれはいつもあたりを見回し
多くのラップ・グループが堕落していくのを見ている(24)

この歌詞を見れば、ラップが自伝的ジャンルであるという説は容易に理解できるであろう。KRS-One は確かにここで再生を遂げており、彼はヒップホップ的な生き方をもっとも体現する者として高く評価された。

貧困、暴力、犯罪、入獄、改心、再生、というアフリカ系アメリカ人の自伝における重要な要素をこれまで検証してきたわけだが、再生にいたる例は幸運である。〈知〉との出会いと再生というエピソードは、自伝の読者に感動を与えてくれるが、現実にはもっと悲惨な生の物語がこの世の中には溢れているはずである。未完の自伝としてのヒップホップ・ナラティヴがわれわれに伝えてくれる埋もれた人生の物語は、旧来の文学や芸術がすくい取ることのできなかった類の生々しい現実を示してくれるものであり、確かに貴重な証言なのである。

Ⅲ　ピンプ・カルチャー

〈女性ぎらい〉な文化

男性の女性に対する暴力は、アメリカ社会が現在抱える深刻な問題である。だが、肉体への直接的な危害のほかに、アメリカポピュラー文化における傾向として、とりわけヒップホップ文化において、暴力的さらには女性蔑視的な表現が目立つことも、頻繁に指摘されることである。ヒップホップ文化を専門領域とするジャーナリスト、ケヴィン・パウエルは次のように書いた。「ヒップホップが、他のアメリカ文化の形式と比べた場合、ことさら性差別的で女性ぎらい（misogynist）なものだとは思わないが、一方で確かに、それは今日においてもっともあからさまに女性ぎらいを打ち出した文化形式だと思う。また、その性差別的な文化形式は、必要以上に注目を浴びてもいる。なぜなら、いまや十億ドル産業のヒップホップは、人種や階級にかかわりなく、アメリカのすべての若者にとってのサウンドトラックだからである。[1]」パウエルによれば、本来ヒップホップは黒人やラテン系などの、社会的には力の弱い層の若者によって生み出されたものであるが、その創造の過程において、男性たちは、「白人的な家父長的男性性」の概念に取り憑かれてしまった。無力である若い男性にとって、一人前の男になることは、権力をもつということを意味した。ヒップホップ世代の男性は執拗なまでに〈力〉を希求するようになった。

さて、ヒップホップ文化において、歪められた男性性をもっともよく表しているのが、ピンプ（pimp）という概念であった。二〇〇〇年代に入って、ヒットチャートの上位を賑わすラップ・ミュージシャンたちは、そろってピンプのライフスタイルを謳歌し、[2]昼間のトーク番組ではピンプと女（ho）が痴話喧嘩を繰り広げ、[3]テレビや映画ではピンプ風のファッションや車が奇抜なものとして取り入れられた。その極端なブームは終息したとはいえ、ピンプは二十一世紀初頭、米国ポピュラー文化の最大のキーワードだったといえるくらいである。

ピンプという語を、辞書の定義どおりに、「ポン引き」や「売春婦のヒモ」という意味として捉えるだけでは、おそらくこのポピュラー文化における流行を理解することはできない。ピンプ・カルチャーの歴史は古くまで遡ることができるが、その最初の契機は、一九六九年にアイスバーグ・スリムの自伝的小説『ピンプ』が発表されたことだった。現在のラップ音楽を中心とするピンプ・カルチャーの重要な契機としては、一九九九年、人気ラッパー、ジェイZが、「ビッグ・ピンピン」をヒットさせたことを挙げることができるだろう。その歌詞で、ジェイZはこう言い放つ。

そう、オレは――女たちから奪って、ファックして、愛して、捨てる
何しろオレは、あんな連中、全然必要ないから
地元を連れ回し、いいカッコさせてやるが
エサは与えない
女たちは最初オレがさっさと消えることに文句を言って
「どういうワケ?」とか言うが
オレは言葉のあらゆる意味においてピンプなんだよ、このビッチ
女を信じるより、まあ任せるってとこか
順番待ちで女たちをキープしといて

ちょっと気持ちよくなりたいとか、一発やりたくなったら
「ビー、ビー」（ポケベルの音）で、オレは相手を選ぶ
〔……〕
オレ、心を女に許すって？
んなワケねぇよ、ありえない
オレ、いつまでもマックし続けて
心は殺し屋みたいに冷血、感情なんてないね
忍耐心もねぇし
待つのが嫌いなんだよ
ホー、尻を出しな(4)

このような歌が全米でヒットしたということ自体、信じられないことであり、許しがたいと感じる人も多いかもしれない。しかし、この種の作品が次々とヒットしたのは、まぎれもない事実なのである。ここで表明されているようなマスキュリニティを、クールでカッコよいものと感じる、あるいは感じるように操作されている人々がとても多かったということなのだ。

ここで、「ビッグ・ピンピン」における、「オレは言葉のあらゆる意味においてピンプなんだ」という一節は、注目に値する。「ピンプ」という言葉がもつあらゆる意味とは、どのようなものか。多大なCDセールスで収入を得るジェイZは、女性に貢がせる必要などなく、言葉のあらゆる意味においてピンプではない、とは言えないのか。

ピンプのイメージが蔓延する現在のポピュラー文化においては、ピンプが女性に暴力を振るい搾取する存在だという認識は薄められ、その派手な暮らしぶり、派手な服装や車ばかりが強調されている。リュダクリスの「ピンピン・オール・オーバー・ザ・ワールド」（二〇〇四）にいたると、もはやこの物質主義的、享楽的な価値観は、ピンプ・グローバリゼーションとでも呼べるようなものにまでなって、次のように唱和される――「高級車／女たち、キャビア／そうさ、これがオレたちさ／オレたちはピンプして世界中を支配してるんだから[5]」。

さて、このような享楽的な価値観をマスメディアは売りまくって利潤を上げ、一方でその道徳的な批判は黒人という人種に向けられるような巧妙なシステムがここにはあった。ピンプを自認するラッパーたちはみな、それがメディアから求められ、売れるイメージであるからこそ、ピンプのペルソナを纏っているだけであり、彼らはみな、「言葉のあらゆる意味」においてはピンプとは言えない。「ピンプ」がいったい何を意味するのか探求することこそ、二十一世紀初頭の文化的状況を読み解くことにつながるだろう。

二〇〇四年のMTVの人気テレビ番組『ピンプ・マイ・ライド』は、ピンプのあくまで表層的なイメージの、一般大衆への浸透をよく示している。これは、廃車寸前のポンコツ車をもつ一般参加者が、愛車を奇抜なアイデアを施したピンプ風高級仕様車に改造してもらう番組である。ピンプ風の車といえば、赤や緑などに塗装された派手なキャディラックやロールスロイスである。毎回、様々な人種の若い男女が、番組の最後に、「ありがとう、MTV、私の車をピンプ風にしてくれて」と、決まり文句で感謝を述べる。

一九九九年のピンプについてのドキュメンタリー映画『アメリカン・ピンプ』(アレン&アルバート・ヒューズ監督)の冒頭で、白人を主とした老若男女がカメラに向かって、ピンプとは不道徳で不潔で言語道断な連中だ、と切り捨てているのに比べると、五年後の『ピンプ・マイ・ライド』の無邪気な感覚は、隔世の感すら与える。もちろん、『アメリカン・ピンプ』の場合は、編集によって並べ立てられた意見だが、ここで際立っているのは、いまや現実のピンプの反社会性や暴力性が忘れられ、ピンプ的なるもののイメージがポピュラー文化において偏愛されているということである。ピンプ的なるものの流行は、本来なら『ヒップホップ・ジェネレーション』(二〇〇二)の著者バカリ・キトワナが、「両性間の新しい戦争[6]」として懸念したはずの問題であったのに、もはや人種もジェンダーも超えて、ピンプ・カルチャーがひとつの時代を支配してしまった。

流行現象としてのピンプ・カルチャーはMTV製作映画『ハッスル&フロー』(クレイグ・ブリュワー監督、二〇〇五)で頂点を極めた。ハッスルとは売春のことであり、フローとはラップすることだ。テレンス・ハワード演じるピンプ、Dジェイは、冒頭から若い娼婦に謎めいた人生哲学のようなものを語り、どこか神秘的だ。成金趣味の派手な服装をせず、落ちぶれた雰囲気が哀愁を漂わせ、万人受けしそうな渋いキャラクターである。とは言え、客が通りかかれば、所詮彼の仕事は売春の交渉でしかない。

メンフィスでいまではピンプ業とドラッグ販売で糊口を凌ぐDジェイは、かつてはラッパーを志望していたが挫折した。だが夢を捨てきれない彼は、仲間や娼婦たちとともに音楽活動を再開するのである。

高水準のデモテープを作るには、それに見合った高性能のマイクが必要だ。楽器店でマイクを物色するが、高価過ぎて手が出ず、そこでDジェイは店主と交渉する。自分が連れている娼婦のサービスとマイクを交換しようというのだ。

マイクは娼婦ノラのおかげで手に入ったが、ノラはDジェイの勝手さに立腹する。するとD

ジェイは逆ギレし、自分には夢があるのだ、そのためにはマイクが必要なのだと、あたかもそれが正当な入手方法であるかのように開き直る。その後、言葉巧みにノラを慰めるDジェイの手口は狡猾に女を騙すピンプの手口そのものだ。

『ハッスル&フロー』において、夢を追求する主人公を描くのに、ピンプや娼婦は、ちょっとお洒落な状況設定に過ぎないかのようだ。それでもこの作品は数多くの映画祭で高い評価を得て、アカデミー歌曲賞やサンダンス映画祭観客賞など多数の賞を受賞した。

売春行為や、売春に携わる人々については、世界中のどこの国にでもある問題である。ここで取り扱うべきは、現実の売春問題ではなく、文学・映画・音楽・テレビなどの文化表現に浮上してくるピンプであり、またピンプを志向する精神的風土なのであり、それこそまさにアメリカ特有の問題なのである。派手な服装で派手な車を乗り回すピンプは、いまやアメリカ的なアイコンのひとつになっているのだ。

現実のピンプについての詳細な研究としては、クリスティナ&リチャード・ミルナーの突撃ルポ的な人類学的調査、『ブラック・プレイヤーズ』(一九七二)がすでにある。クリスティナ・ミルナーはトップレス・ダンサーとなってナイトクラブに潜入し、黒人社会における売春の実態を調査した。白人のミルナー夫妻がピンプに対して学術的な調査を試みたとき、とりわけ黒人の学者から批判を浴びたという。黒人を、ピンプと娼婦に結び付けて貶めている、というのだ。(7) しかし時代は流れ、いまでは黒人ポピュラー文化はアメリカ文化全体において飛躍的なほどに影響力を増した。たとえピンプのような対象でも、いまや黒人ポピュラー文化の研究を軽視することはできないのである。本章では、まず初期のピンプ・カルチャーの発生とその意義を検証し、さらに現在のピンプ・カルチャーへの変遷を批判的にとらえることを通じて、歪められたマスキュリニティの形成という観点からアメリカ的な暴力の問題に取り組む。

ピンポロジー（ピンプ学）

アメリカ社会においてピンプは、つねに黒人男性と結び付けられてきた。『アメリカン・ピンプ』のなかで、あるピンプは、「黒人だけが優れたピンプになれる」と断言している。同じく『アメリカン・ピンプ』のなかでインタビューに答えた、多少は知的な話し方をするベテランのピンプ、メル・テイラーやダニー・ブラウンによれば、黒人ピンプの職業的起源は南北戦争の直後だという。奴隷から解放された黒人男性にもっとも影響を及ぼしていたのは、白人の奴隷主人だった。黒人男性たちは、みずからは働かず、奴隷たちを鞭打ち、搾取し、自分だけ利益をむさぼって豪奢な生活を送っていた奴隷主人に憧れていたのだ。テイラーによれば、奴隷主人たちは黒人女性と性交渉を結んだあとで、このようなことを決して無料で行ってはならないと教えた。ブラウンによれば、当時、売春は悪徳ではなかった。町の名士たちはみな売春宿に通っていた。売春が悪徳と見なされるようになったのは、黒人ピンプたちが儲けるようになり、税金を払わなかったからだという。[8] もちろん、これらはすべて、ピンプたちのあいだで伝承されたフォークロアに過ぎないという可能性も否定できない。

「ピンプ」という語を、「ポン引き」や「ヒモ」といった日本語に訳すことはできない。これらの語では、黒人社会におけるピンプの存在の特殊性を的確に表現することができないからだ。ピンプに相当する存在は日本社会にはないので、それを表す日本語がないのは当然であり、ここでは「ピンプ」と片仮名で表記するよりほかはない。「ポン引き」の場合、その人自身が街頭に立ち、客を捕まえ、交渉するといった、ある種の労働が含意される。ピンプは決して街頭に立たず、ただ自分の支配下にある娼婦をけしかけ、怒鳴りつけ、娼婦自身に客を取らせ、自分は決して労働しないものである。「ヒモ」という語について考えた場合でも、この語がもつ情けない弱い男のイメージがピンプとは釣り合わない。ピンプは、“stable”という、「厩舎」転じて「支配下にある数人の娼婦」の意味をもつ集団をコントロールし、複数の女性に対して圧倒的な権力を誇っている。そして何よりもピンプは、派手な服で着飾り、大量のアクセサリーを身につけ、大型の高級車を乗り回す、異様に目立つ存在である。ピンプが活躍するのは大都市の貧困地域が主だが、貧しい子供たちの前ではピンプは気前よく振舞い、高級車で颯爽と乗りつけ、集まった子供たちに小遣いを配り、よく勉強するんだぞとか、年下の子の面倒を見てやれとか、もっともらしいアドバイスをして去っていく。[9] 貧しい子供たちにとって、ピンプは華やかな憧れの存在である。自分も大人になったらピンプになるのだと、多くの子供たちが夢見る。こんな職業が、はたしてアメリカ合衆国以外の国に存在するだろうか。ピンプは「ピンプ」と表記するしかないのである。

ネルソン・ジョージは、その著作『ヒップホップ・アメリカ』の、黒人社会に蔓延するドラッグの問題を扱った章のなかで、黒人社会における犯罪史とでも呼べるようなものを通観している。[10] ドラッグと銃による凶悪な犯罪がはびこる以前の黒人社会における犯罪の中心は、ナンバーズ賭博と、ピンプと、アルコール中毒が引き起こす犯罪、それに加えて詐欺師だった。ジョージによれば、二十世紀初頭、ナンバーズ賭博を違法に行う者は、貧しい層にささやかな日常の夢を与える必要悪だったという。ピンプは必要悪とまではいえないが、人の心理を巧みにコントロールするその見事な技術に、ほとんど敬意を抱いてしまう男女が多かった。一九六〇年代以降は、兵士がベトナム戦線から持ち帰ったヘロインを皮切りに、コカイン、エンジェル・ダスト、そして八〇年代のクラックへといたる、ドラッグの暗黒時代を迎える。

二十世紀前半の黒人社会を題材にした作品をいくつか読むと、なるほど凶悪化以前の犯罪が、すべて渾然となっているのに気づかされる。ランドルフ・ハリスの『トリック・ショット』は、一九四〇年代を舞台にした自伝的小説だが、その副題「黒人ピンプの物語」にもかかわらず、主人公はピンプというよりも詐欺師を職業としており、ほとんど子供騙しのような詐欺の数々ばかりが語られている。(11)

さらに注目すべきは、決して犯罪稼業を主題にした作品ではないが、マルコムXによる『自伝』である。公民権運動のもっとも過激な指導者として知られるマルコムXは、若いころはならず者として過ごし、刑務所に投獄され、獄中でイスラム教と出会い、心を入れ替えて猛勉強することになる。彼の自伝では、若かったころの愚行が正直に語られているのだが、それによって読者は一九四〇年代の黒人の裏社会を知ることができるのである。そしてまた、彼が若いころすべての犯罪に手を染めていることに驚かされる。ナンバーズ賭博、マリファナ販売、強盗、ピンプ、詐欺……。二十世紀前半、これらの犯罪は渾然としていたのであり、それらをストリートで行うことはすべて「ハッスル（hustle）」と呼ばれ、それらを行う者は「ハスラー

(hustler)」と呼ばれた。[12] いわゆる「ピンプ・ナラティヴ」が登場するのは、アイスバーグ・スリムの『ピンプ』以降の一九七〇年代だが、マルコムXの『自伝』はピンプ・ナラティヴの先駆的作品だといえる。

堅気な生活を捨てて、犯罪もいとわない生活へと移行すると、その生活は大文字で“the Life”と呼ばれるようになる。「ライフ」における、生き延びていくための犯罪的営為は“the Game”であり、「ゲーム」を行う者は“player”である。そこでピンプはときに、「プレイヤー」と呼ばれたり、またフランス語の“maquereau”が語源とされる“mack”とも称される。「ピンプ」「プレイヤー」「マック」の三つは、ほぼ同義と捉えてよいが、人によってはこれを厳密に区別する場合がある。ピンプこそ、この三つのなかで最高の存在であり、ストリートにおける「ゲーム」のコツをすべて知り尽くした、この道の達人だという。「マック」は力と男らしさを誇示するピンプであり、「プレイヤー」は幅広く「ゲーム」を行う者であるようだが、しかし実際にはこの三つはそれほど区別されることなく使われているようだ。[13]「ピンプ」は、売春婦のマネージメントをして金を巻き上げ、豪奢な暮らしをする男のことだが、さらに幅広い意味で、人から金を巻き上げる者、女に不自由しない男、派手な服装や豪奢な生活を楽しむ者のことを指すようになった。

ピンプが支配する売春婦たちは、"whore"の発音が単純化されて"ho"と呼ばれる。先述のジェイZのヒット曲「ビッグ・ピンピン」でも示されるように、しばしばヒップホップ世代の男性にとって女性は、男の言うことを聞かない阿婆擦れ女「ビッチ」か、男の言うことを何でも聞く尻軽女「ホー」かの、二分法で語られるのである。

ピンプはまったく働かない、ということは重要である。ピンプに必要な商売道具は、派手な衣装、アクセサリー、鰐皮の靴、そして高級車である。先述のハリスの作品によると、一人前のピンプになるためには、まず何よりも必要なものは車であり、車を買うための努力から始めなければならない。車は、自分の娼婦たちが路上できちんと働いているかを巡回して監視し、さらには売上金を回収するためにも必要不可欠である。ドナルド・ゴインズの小説『ウォアサン』(一九七二)は少年ピンプが主人公だが、運転できる年齢に達するまでは職業が軌道に乗らない。キャディラックを毎年買い替えたり、ロールスロイスやメルセデスベンツを乗り回すことはピンプにとって欠かせないことである。著名なピンプ、ビショップ・ドン・"マジック"・ファンは、自分のラッキーカラーを緑と金色としているので(緑はドル紙幣の色である)、彼のキャディラックは緑や金色に塗装されている。あまりにも成金趣味的で悪趣味なピンプのファッションと車については、アメリカ映画を丹念に見ていれば、「ピンプのような格好」とか「ピンプのような車」といった表現で頻繁に言及されることに気づくだろう(14)。

ピンプはその商売の手口を、年配の先輩ピンプからたいていの場合は学ぶ。よき師匠をもつことはピンプにとって大切である。それは「ピンポロジー」という教えとして、ストリートで口頭で伝授される。この口述の文化が、最近ではラッパーによって語られることは自然な成り行きなのかもしれない。また、アメリカ黒人の口承詩を集めたアンソロジーは、ピンプについて語られたものを多く採集しており、ラップ音楽でピンプが主題となるのは、そのような伝統を汲んでいるからだといえる(15)。さて、トゥ・ショートというラッパーこそ、ピンプの教えをラップする代表格だが、彼にはまさに「ピンポロジー」という曲があり、そこでピンプとしての心得を次のように説いている。

三歳のころから
純然たるピンプ・ゲームをオレは教わった
親父はオレをピンプ・スクールに通わせた
この男の世界では、間抜けじゃいられない
ピンプになりたいってのなら

おまえはピンポロジーを学ばなくちゃいけない
ピンポロジーとは、ピンプを専門とすることである
大恐慌もへっちゃらさ
ビッグになりたきゃ
おれの学校に来て、ピンプの学位を取れ
お前が行ってる学校じゃ、何を教えてくれる?
国語、数学、歴史かよ
ピンプのゲームなら、勉強になるぜ
それに勉強すれば、金にもなる
ピンプの学位が待ってるぜ
学校に来て、教わったことをよく覚えればな
第1課、よく肝に銘じとけ
自分のホーに惚れるんじゃねぇ
第2課はいたって単純
クールに振る舞え

第3課　カモになるな
貧しい女だろうと、リッチだろうと
おまえのやり口がソフトだろうとハードだろうと
女を落とすのに手間取っちゃいけない
第4課　ホーを手放すな
これはいちばん大事だからよく覚えとけ
何しろ、ピンプするか死ぬか、死活問題だからな
オレはマックよろしく、キャディラックに乗ってオークランドを走りまわる
だが反対に、おまえにピンプができなくて
ホーたちにバカにされっぱなしなら
おまえのようなお坊っちゃんには何と言ってよいやらわからんね
お店に行って、オモチャでも買ってきな
おまえにこのゲームは無理だからな(16)

もちろん、トゥ・ショート自身はピンプを職業としているわけではない。ピンプを隠喩とし

て、もてる男になるための指南をしているだけだ。実のところ、どんなにピンプを忌み嫌ってみても、ほとんどの男性は、その心の裏側で、ピンプに対する憧憬を禁じえないのである。緑色のスーツや毛皮のコートは着たくはないが、美女に囲まれて札束を数えながら暮らすのは悪くない。ラッパーのアイスTなら、それを人間の当然の欲望と呼ぶだろう。ロックンロールもヒップホップも、そんな欲望をほんの刹那でも満足させるエンターテイメントにすぎないのだ、と。だからこそ、ピンプ・カルチャーはあらゆる角度からわれわれの心に侵食してくるのだ。

アメリカ社会全体を考えた場合、ピンプが大衆の意識に入り込んでくるのは、生身のピンプとの遭遇よりも、ピンプを描く文化表現の影響だといっても過言ではない。ここで次なる手続きとして、連綿と続くピンプ・ナラティヴの系譜をたどることにする。

ピンプ・ナラティヴ

ピンプにまつわる口承詩が多いことはすでに述べたが、より明確なかたちでピンプが文化表現に登場するのは、一九七〇年代のことである。アイスバーグ・スリムの自伝的小説『ピンプ』以降、ロサンゼルスのハロウェイハウスという出版社が多数のピンプ関連の書籍をペーパーバックで出版した。また、同時期にブラックスプロイテーションと呼ばれる一連の低予算の黒人向け映画が、ピンプを主人公として取り上げた。『マック』（一九七三）、『ウィリー・ダイナマイト』（一九七三）、『ドレマイト』（一九七四）などが代表的な映画である。しかしこれらは完全に黒人大衆を対象に出版・公開されたものであり、いまでこそ広く知られているが、発表当初は白人大衆の目には留まらなかった。白人大衆のあいだでピンプのイメージを形成したのは、ABCテレビの警察ドラマ『刑事スタスキー&ハッチ』（一九七五―一九七九）であった。ピンプや麻薬の売人が多数登場するこのアクションドラマで、アントニオ・ファーガスが演じた情報屋のハギーベアーこそ、派手で滑稽なファッションのピンプのイメージを世間一般に植え付けた。これらがピンプ・ナラティヴの第一の波である。

もちろんこれ以前にも、ピンプが登場する作品はある。とりわけ、一九四〇年代終わりの若者風俗を活写したジャック・ケルアックの『路上』（一九五七）において、ほんの一瞬ピンプの幻影が立ち現れるのは、白人社会にとってピンプが必ずしも無縁な存在ではなかったことを示す資料として興味深い。『路上』の第1部12章で、主人公サル・パラダイスはベーカースフィールドからロサンゼルスへと向かうバスのなかで、メキシコ出身の美女テリーと知り合う。彼女と親密になりたいとサルは強く願うが、すべてがあまりにもうまく進んでいくので、逆に彼女はバスの乗客をカモにする売春婦（hustler）なのではないか、という疑いをもち始める。レストランでふたりで朝食をとっていると、実際に近くの席にピンプがいて、こちらの様子を窺っているようだ。ついに耐えられなくなり、「あの男はきみの知り合いか」と尋ねると、テリーは、「どの男よ」と答える。

　メキシコ女の背後にピンプがいるのではないかとサルが疑いを抱いたのは、ごく自然な感情の流れだっただろう。だが、ここでさらに注目すべきは、それに続くホテルでのふたりの会話である。上機嫌になったサルは、自分の友人たちの話をテリーに聞かせ始める。「ぼくの知り合いのドリーっていう女にきみを会わせたいな。身長六フィートもある赤毛女なんだ。もしきみがニューヨークに行くことがあれば、どこで仕事にありつけるかドリーが教えてくれるよ。」（傍点引用者）この言葉が誤解を生み、会話は以下のように続く。

「六フィートの赤毛女ですって？　あなたのこと、素敵な学生さんだと思ってたのに。かわいいセーター着ていて、まあ、彼って素敵じゃないって思ったのに。違うのね！　全然違うのね！　あなたは他の連中と同じピンプなのね！」

「いったい何のことを言ってるんだ？」

「そんなところに突っ立って、その六フィートの赤毛女は、マダムじゃない、なんて誤魔化さないで。ちょっと聞けば、マダムのことくらいすぐ分かるのよ。それにあなた、あなたは私に言い寄ってくる他の男たちと同じで、結局ピンプなのね。男はみんなピンプなんだわ。」

「なあテリー、ぼくはピンプじゃない。聖書に誓ってピンプじゃない。どうしてぼくがピンプになるんだ？　ぼくが好きなのはきみだけなのに。」

「いい男に会ったと思ったら、いつもそうよ。嬉しくなって、まあ、ピンプじゃなくって本当に素敵な人って思ったのに。」

「テリー」とぼくは、誠心誠意訴えた。「お願いだから分かってくれ、ぼくはピンプじゃない。」一時間前、ぼくは彼女のほうこそハスラーじゃないかと思っていた。何て悲しいことだ。[17]

会話中のマダムとは、年を取った娼婦が現役を退き、ピンプのもとで、若い娼婦たちの仕事を取り仕切る、女マネージャー役のことを指す。この会話は、すでに現在のピンプ・カルチャーを予見している。まさしくゲームのように、ピンプする側とされる側の立場は簡単に入れ替わってしまう。さらには、どんなに男性が自分はピンプではないと信じていようと、女性にとってはあらゆる男性がピンプとなりうるのだ。

この搾取関係を、ピンプ・ナラティヴとしてさらに克明に描き出したのがアイスバーグ・スリム、本名ロバート・ベック（一九一八―一九九二）は、黒人大衆のあいだで熱狂的に読み継がれている非常に影響力の大きいベストセラー作家だが、正典的な文学史からはこれまでまったく黙殺されてきた。スリムはピンプ業のせいで、繰り返し逮捕されては投獄された。一九六七年、出所後ピンプ業から足を洗い、作家として生きる道を求めて書いたのが、自伝的小説『ピンプ』であった。この作品がのちの黒人文化に与えた影響の大きさははかり知れないものだった。後続のピンプたちにとっての必読書であっただけではなく、ピンプを称する多くのラッパーたちにとっても、アイスバーグ・スリムの影響は絶大だった。

ピンプ・ナラティヴはアイスバーグ・スリムの『ピンプ』から始まった。この自伝的作品では、知恵に長けた主人公が、先輩ピンプの教えを受けながら、自分のステイブルを築き上げ、ピンプとして成り上がっていく様子が描かれる。十五歳のころ、主人公は平均九十八・四点という驚くべき優秀な成績で高校を卒業し、奨学金を得て大学に進学する。のちに矯正施設に入ったときもＩＱテストで非常に高い得点を記録して、係員から驚かれるのだが、一九三〇年代の合衆国で、黒人が大学を卒業したからといってどうにもならないことを彼はよくわきまえている。自分の知性を最大限に活用して、もっとも経済的に成功する道は何か――それはピンプになることであった(18)。

この物語が、裏社会で暗躍するピンプを描いた小気味のよい犯罪小説としてしか読者に受け止められていないとしたら、この作者の意図は十分に汲み取られていない。なるほど、ピンプとしての心得が説かれるピンポロジー的な要素もあるが、同時にここに描かれているのは、狂気、絶望、そして改心である。主人公は、脱獄と入獄を繰り返すうち、気づくと四十歳を過ぎ、自分が愚かだと思っていたカモたちよりもずっと愚かな人生を送ってきたことを痛感するのである。

スリムの作品を、このデビュー作だけにかぎらず、さらにいくつか追ってみるなら、改心の主題はより明確になる。ピンプ業から足を洗う決心をし、もっとも大事な自分の最後の娼婦に別れを告げるときのエピソードを書いた小品がある。娼婦には子供もあり、自分たちが生きていくためにも、他のピンプのもとで仕事を続ける決意をする。ライバルのピンプに自分の女を取られることは、ピンプにとって最大の屈辱である。だがそれを受け入れ、彼女と最後のベッドを共にする場面で、彼は次のような認識にいたる。「オレは突然気がついた。彼女に対する力をオレはもうすべて失っていて、そのため、彼女の娼婦としての冷酷な判断では、オレはひとりの客であり、もうただの間抜けなカモでしかないのだ。」年をとり、刑務所暮らしでやつれ果て、いまやかつての力を失ったスリムと、女の関係は、逆転したのだ。支配と搾取の関係がいとも簡単に逆転してしまうこの権力ゲームの本質は、『路上』のエピソードと呼応する。そして彼は、そのゲームから脱落した。「オレは彼女と永遠に別れてしまうのだという後悔の念がオレの心を突き刺した。だがすぐに、彼女と、恐ろしく空虚なピンプ・ゲームから、スムースに決別できたという安堵感から、痛みは消え去った。オレはもう、黒人女性に暴力を振ったり搾取したりすることはないのだと思うと、いい気分だった。[19]」

マルコムXにせよ、アイスバーグ・スリムにせよ、ピンプ稼業が読者にとって容認されるのは、アメリカ黒人にとって生きていくには選択肢が他になかった、という社会的背景と、のちに改心するという道徳性が理由である。だが、後続のピンプたちにとっては、サヴァイヴァルと改心は必ずしも魅力的なものではなかった。ミルナー夫妻の『ブラック・プレイヤーズ』では、スリムの『ピンプ』を否定するピンプの意見が紹介されている。『ピンプ』は「古臭いサヴァイヴァルの話で、いまはもうそんな時代じゃない。六ヶ月くらいゲームをやってみれば、もうサヴァイヴァルなんてくだらなくなって、もっと高級なゲームができるようになるよ。[20]」

かくして、ピンプ・ナラティヴの第一の波に影響を受けた新しい世代が現れる。彼らは、物質主義的な側面をさらに強めることになる。第一の波のピンプたちが一九三〇年代や四〇年代に現役だったのに対して、一九七〇年代以降は、黒人社会の中でも貧富の差が拡大し、貧困地域ではゲットー化が進行し、ドラッグと銃の氾濫とともに凶悪犯罪が蔓延し、一方でまたアメリカ社会全体がフェミニズムの洗礼を受ける、といったように、ピンプがおかれた状況も変化する。古い時代には、ピンプと詐欺師は渾然としていて、言葉巧みに人をだます様子は牧歌的ともいえるくらいだった。しかし、ドラッグと銃の時代を迎えると、純然たる暴力が支配的になる。新しい世代のピンプやラッパーたちによるピンプ・ナラティヴの第二の波は、一九八〇年代以降に登場することになる。

おそらく、新世代ピンプの中でもっとも大きな成功を収めた人物は、ビショップ・ドン・〝マジック〟・ファンだと断言してもよいだろう。本名ドナルド・キャンベル、一九五一年に生まれ、シカゴで活動した彼は、売春婦たちの献身的な働きのおかげで巨額の富を得た。地元の名士となり、テレビのトーク番組や映画に多数出演している。「ピンプ・オヴ・ザ・イヤー」を十三年連続で受賞した。三十歳を過ぎて、酒とドラッグに溺れる日々を過ごしていたあるとき、突如として神の啓示を受け、酒とドラッグを断ち、ピンプの第一線から身を引くようになる。それからは熱心にイエスの言葉を語るようになり、みずからをもって「ビショップ」を任じるようになった。いかにもアメリカ的な極端ぶりである。神の啓示を受けるというのは、いまもなおアメリカ人にとって珍しいことではない。それは「ボーン・アゲン（born again）」と呼ばれ、ある日突然、神の啓示を受け（たと信じ）、その日からは生まれ変わって敬虔なキリスト教徒となるのである。ピンプからビショップへと生まれ変わったドンの人生は、実にアメリカ的な荒唐無稽を実践している。[21]

彼の伝記、『ピンプ杖から説教壇へ――「イッツ・マジック」』は、重要な作品である。重要だというのは、それがすぐれて感動的な作品だということではまったくなく、ピンプを代表するミソジニスティックな文化を理解するうえで貴重な資料となっているからである。ピンプたちが書いた書物を読み漁ると、多くが単なる大言壮語と自己顕示に堕しているなかで、この作品だけはピンプの愚かさと暴力を客観的に伝えている。客観的なのはそもそもドン・ファン自身がこの本を書いたわけではなく、彼の生涯をずっと見守ってきた姉が執筆し、しかもそれでは読むに耐えないので別の編者がまともな英語に書き直したからである。

この伝記ではピンプが美化されるといったことは決してなく、その怠惰、わがまま、そして何よりも女性への暴力が淡々と描かれている。一方で他人に気前よく振舞い、貧しい子供たちに寄付するという面をもつドンは、自分の娼婦たちには徹底して冷酷である。その心性も不可解だが、どんなに暴力を振るわれてもドンを愛し続ける娼婦たちの心性もまた不可解である。そういった人間性の不可解さがここでは読者に生々しく提示されている。この作品を読み解くことによって、現在のピンプ・カルチャーの背景となる精神的風土が、ある程度は理解できるに違いない。

ゲームの規則

ドンの伝記を読み始めて最初に驚かされることは、彼がまったく働く意志をもたないという点である。小学生のころから年上の女性に貢がせる天賦の才をもっていた彼は、徴兵で入隊しても、まともに服役することなど決してない。軍隊は、単純労働に対する彼の嫌悪を強めただけだった。まったく働く意思のない彼は、それでも姉に、自分はビッグになるのだと宣言する。何も仕事をしないで、いったいどうやってビッグになるのかという姉の疑問は至極当然だが、彼は自分の唯一の才能を生かす道を知っていた。彼はピンプになる決心をし、アイスバーグ・スリムやドナルド・ゴインズ、ストーンウォール・ジャクソンらのピンプ・ナラティヴを読み漁るのである。

まったく働かないというのは、実はアメリカ的資本主義に対する反逆である。それは勤勉に働いて収入を得ることをよしとするベンジャミン・フランクリン以来のプロテスタント的価値観を転倒している。ランドルフ・ハリス作品の主人公もまた、一九四〇年代に次のように独白している。「いったい全体、働きもせずに黒人がでっかいキャディラックを乗り回せる国が他にどこにある？」[22]この一節自体はピンプの怠惰ぶりしか示していないかもしれないが、考えようによってはこれはアメリカが築き上げてきた白人中心的資本主義システムに対する痛烈な皮肉なのである。リチャード・メイジャーズ＆ジャネット・マンシーニ・ビルソンは、ピンプ的なライフ・スタイルの「クール」な側面について次のように書いている。「主流的な手段をなしにして自分の男らしさを証明しなければならないというプレッシャーにつねにさいなまれ、多くの黒人男性は怒りと苦渋を感じている。彼らはアメリカの主流から締め出されていると思っている。派手なピンプ風ライフスタイル（cool cat life-style）は、他人を利用し、言葉をまくし立て、だまし、「ピンプ・ゲーム」を行うなど、様々なハスラー行為を通じて、白人たちとプロテスタント的労働倫理をあざける手段なのである。」[23]メイジャーズ＆ビルソンが論じる「クール」の概念については後に触れることになる。

ドンと最初の娼婦エンジェルが、ピンプの経歴の初期に警察に逮捕されたときのエピソードがある。弟に頼んで、ドンは保釈金をもって来させる。数えるのに何時間もかかったというその保釈金は二万一千ドルで、当時これだけの現金を黒人が所有していることに、白人の役人は唖然とした。自由の身になったドンは一躍時の人になった。彼の緑と金色に塗られたキャディラックとロールスロイスはあまりにも目立つので、運転しているとつねに警官に呼び止められた。そうなると、町中の人々が集まってきて野次馬となる。ドンが警官をやり込めるのを民衆はそろって大応援するのである。つまり、ドンは反権力の象徴となったのだ。

しかしドンが女性に対して最低の振る舞いをしていることは、この書の全編で克明に記録されている。ピンプが売春婦を自分のステイブルにとどめておく方法は、逆らえば言うことを聞くまで殴るという徹底的なまでの暴力である。彼の生涯は反権力の象徴としての一面をもちながら、結局は権力への醜い執着へと堕してしまうのだが、あるいはそれは権力というものが不可避的にもつ醜さを暴き立てているのかもしれない。彼の伝記のページをめくれば頻繁に暴力シーンに遭遇するが、例えば次のような一節が典型的である。

最初の仕事の夜から、チャイナ・ドールは七百ドルもの売り上げをドンに貢いだので、

ドンが払った投資は無駄ではなかった。〔……〕
彼の腕に抱かれてリラックスしている彼女を、彼は突き放した。彼女が何をして欲しがっているかは分かっていても、彼はそうしてやるわけにはいかなかった。彼女はステイブルの新顔なので、彼があのドン・ファンであることを思い知らせてやる必要があった。彼女のしたことなど取るに足らないのだ。七百ドル程度では、彼に認められはしないということを、彼女は思い知るべきだった。いつもの冷たい突き刺すような口調で彼は、金を金庫に入れてシャワーを浴びてこい、と言った。彼女は、彼の声色を気に留めず、微笑んでいた。しかし、「体を洗ったら、もう一回街角に立ってこい」という彼の言葉を聞くと、微笑みは消え去り、呆然として彼女はドンを見つめた。彼女には理解できなかった。たった一晩で、彼女は他の娼婦たちよりもずっと多くの金を稼いだというのに。
涙を頬につたわせながら、彼女は尋ねた。「ダディ、どうしてこんな仕打ちをするの？私、よく働いたでしょ、ダディ。どうしてこんな仕打ちをするの？」女は床に崩れ落ち、震えて泣き叫んだ。
ドンは近寄ると、彼女をぼろ糞に引っぱたいた。床に倒れて怯えている彼女の上に、彼は仁王立ちして、言い放った。「ビッチ、いいか、誰もこのオレに質問なんてできねぇんだぞ、わかったか？　さっさとケツを洗って、仕事に行きやがれ。[24]」

この暴力描写の特徴を挙げるなら、すなわち、この暴力は怒りや憎しみといった感情に突き動かされて発露したものではない、ということだ。何かもっともらしい理由があって激怒のあまりに暴力を振るうというのではなく、他者から見ればあまりに唐突で、思いも寄らない瞬間に暴力が湧き起こる。しかしここでピンプは、激情に駆られて暴力を振るっているのではなく、それがゲームのセオリーだからこそ暴力を振るっているのだ。

旧世代のピンプ・ナラティヴ、例えばスリムと同じく元ピンプのベストセラー作家ドナルド・ゴインズの『ウォアサン』では、突出した暴力はあくまで「怒りと憎しみではらわたが煮えくり返った」せいであり[25]、結末において悪事は成り立たず、主人公は本当の愛に目覚める、といった道徳的正しさが強調される。それに比べると、ドン・ファンの冷徹さは際立つ。ドン・ファンが、その伝記テクストの結末部でキリスト教に目覚めるのは、彼が物質主義よりも精神主義の尊さを認識したからではまったくなく、アメリカ合衆国においては、崇拝の対象が金と神のあいだで、いともたやすく移行可能であることを明証しているのに他ならないのだ。『ブラック・プレイヤーズ』のピンプたちには、すべてはゲームに過ぎない、という認識がある。あらゆる人間関係はゲームであり、経済活動はゲームであり、政治はゲームである、と彼らは言う。[26]誰もがピンプとなりカモとなりうる社会の中で、相手よりもゲームのコツを知り尽くし、より巧妙な手を打つものが勝者となる。そのような人生観が、ヒップホップ世代の若者にとってクールなものとして捉えられている。

ヒップホップ世代の男性たちが、女性を「ビッチ」か「ホー」のふたつに分類するミソジニスティックな傾向をもっているのも、結局はピンプ・カルチャーのゲームの理論の影響である。そのような分類による図式化は、複雑なはずの男女関係を単純化するので、男性にとっては恋愛ゲームがしやすくなる。バカリ・キトワナは、現在の状況を危機的なものとして憂慮している。居住地区の荒廃と貧困化によってコミュニティが崩壊してしまったなかで、黒人男性たちは、男同士の「クルー」や「ポシー」という擬似ファミリーを形成し、その男同士の集まりへの忠誠を最優先するあまり、ミソジニスティックな意識が強まってしまった。[27]そのような現状分析を提示しつつ、キトワナは、ヒップホップ世代がもっとフェミニズムに目覚めるべきであると提言する。

一九九〇年代以降、「クール」という価値観がポピュラー文化において支配的となったために、それ以後十数年のあいだに「クール」の概念を研究する書物の出版が相次いだ。ここでは特に、「クール」を黒人男性特有の態度として捉えたメイジャーズ&ビルソンの『クール・ポーズ』の議論が有用である。メイジャーズ&ビルソンによると、歴史的にみてアメリカの黒人男性の多くは、アメリカ的な資本主義システムのルールに則っていくら努力してみても、成功を得ることが困難であるために、社会に対して冷めた態度をとるようになった。また、失望や怒りといった感情を隠すために、「クール」という仮面を被るようになった。「クール」は真の感情を隠すことが目的であるので、その言葉が連想させるような、「渋さ」や「落ち着き」を必ずしも伴うわけではない。緑色のスーツと鰐皮の靴で着飾るピンプこそ、「クール」という仮面を纏っているのである。「派手な暮らしを求めてハッスルすることは、経済的な意味での反主流(alternative)であるだけではなく、マスキュリニティにおいても反主流を示している。黒人男性は、社会の基本的な男性の目標、規範、基準(例えば働いて家庭を支えることを望むといったこと)を受け入れたが、白人男性とは違って、これらの男性的目標を達成する手段をもっていない。合法の職で一生懸命働こうという決然とした試みは、多くの黒人男性にとって、就職難、低賃金、侮辱、昇進の困難という事態に帰結した。標準的なルールに従ってアメリカ的なゲームをプレーすることは、社会的もしくは職業的な地位向上には必ずしもつながらないのである。[28]」

マルコムXやアイスバーク・スリムらの初期ピンプ・ナラティヴは、暴力や犯罪を単純に礼賛したものではなく、アメリカの社会システムに対する「反主流」を提示するという意義をもっていたはずである。しかし、昨今のピンプ・カルチャーは、主流文化のなかに組み入れられ、適度に刺激的なものとして暴力を商品化している。パトリシア・ヒル・コリンズは、そこにメディアの人種差別的な構造を読み取っている。「黒人男性ハスラーのイメージは、アフリカ系アメリカ人男性はみな怠惰で仕事をしないので、奴隷制や小作農、新兵訓練所、刑務所で飼いならす必要があるという、古くからの認識と協同する。[29]」ピンプとは、メディアによって生産され、コントロールされたイメージにすぎないというのである。

「クール」であることに対する黒人男性の強迫観念を論じたベル・フックスもまた、暴力の背景に人種問題を読み取る。「男性の暴力は、私たちの社会の中心的な問題である。黒人男性の暴力は、白人男性の暴力のスタイルと習慣を単純に反映している。それは特異なものではない。黒人男性が経験する特異な点は、暴力的に振る舞うことが、しばしば支配的な文化からの注目と賞賛を浴びるということである。たとえ非難を受けているときでさえ、黒人男性の暴力は神聖化されることが多い。〔……〕白人男性が自分たちの暴力性への注目を黒人男性へとそらすことができる構造があるかぎり、黒人男性たちは、男らしさについて、何が受け入れられるかについて、矛盾したメッセージを受け取り続けるだろう。[30]」

メインストリーム文化に組み込まれたピンプ・カルチャーは、歪んだマスキュリニティを再生産する。ピンプ・カルチャーは、人間関係も経済活動もすべてはゲームであるというクールな諦観を伝えている。物質主義的欲望を臆面もなく最優先させ、ゲームに勝つためには、暴力も辞さないわけだが、同時に、暴力の醜さを暴き立てる力もピンプ・カルチャーは備えていたはずだ。だが、その批判精神も失われてしまうと、残るのは、他者との関係をゲームとして捉えなければ不安でならない未成熟な精神ばかりである。実のところ、いまやピンプとも暴力とも無縁のはずの恋愛映画においても、先述のトゥ・ショートと同種のゲームの規則が頻繁に説かれる。

例えば、二〇〇〇年代にヒットした黒人キャスト中心の恋愛映画、『トゥ・キャン・プレイ・ザット・ゲーム』(二〇〇一)、『ブレイキン・オール・ザ・ルールズ』(二〇〇四)、『最後の恋のはじめ方』(二〇〇五)などでは、とりわけ前二者のタイトルがすでに示しているように、恋愛はゲームであり、ルールを熟知したものが勝者になれる、という幻想が喜劇の原動力となっている。どの映画も最後には主人公たちが、ルールでは制御できない本当の感情に気づき、恋愛にルールなどないのだ、というルールを学ぶ。その予定調和的なエンディングとは裏腹に、これらの映画は、いかにヒップホップ世代の大衆にとって、恋愛はゲームであるという幻想が魅力的かということを物語っている。

かつては男性の歪んだクールさを形成する要因は社会的・経済的なものであった。いまや文化メディアが、無意識下で暴力を容認しつつ、歪んだマスキュリニティとクールさを大量生産するのだということを、ピンプ・カルチャーの隆盛は如実に示していたのである。

Ⅳ　ヒップホップ・ムスリム

トランプ大統領の入国制限令とイスラモフォビア

二〇一七年一月、第四十五代米国大統領に就任したドナルド・J・トランプは、前年の選挙戦での公約どおり、「テロリストの入国からアメリカ合衆国を守る」ために中東・アフリカからの入国を制限する大統領令一三七六九号を発令した。この政策にはすでに前年からエミネムやYGら大物アーティストたちが反発していたが、実際に施行されると、猛烈な反対運動を引き起こした。全米の主要な国際空港で抗議デモがおこった。数々の政治運動を主導してきたヒップホップ・モーグル（大立者）、ラッセル・シモンズは「私もイスラム教徒だ（I am a Muslim, too）」キャンペーンを展開した。ベンガル系移民でブルックリンに拠点を置くラッパー、アニク・カーンは、二月にネット上で「コロンバス」を発表し、音楽の力による抗議活動を起こした。カーンは米国の歴史をさかのぼり、米国が移民によってつくられた国であることを主張した。結局は各州の連邦裁判所の介入により入国制限措置は緩和されたが、トランプ大統領は制限を撤回したわけではなかった。

イスラム教と関わりの深いヒップホップ・アーティストの立場からすれば、大統領の移民政策は当然、抗議の的となるだろう。だが、トランプは選挙によって選ばれた大統領である。トランプの移民政策を心中で容認する市民が多くいるのも実情であろう。一九九〇年代、イスラム教は「ヒップホップの非公式な国教」と称されたこともあったが、二〇〇一年九月十一日のニューヨーク同時多発テロ事件は、米国民のイスラム観と、ヒップホップとイスラム教の関係に大きな影響を及ぼした。クリントン政権期にも大きなテロはしばしばあったが、9・11の衝撃は破格だった。

冷戦の終了とともに東西間のイデオロギー対立は終息したかに思われたが、サミュエル・ハンチントンは冷徹にも『文明の衝突』で異文化間の衝突は今後も避けられないことを指摘した。ポスト冷戦の世界観がポピュラー文化の想像力に影響を及ぼすのは不可避の流れだった。たとえば『スパイ大作戦』は一九五〇年代、冷戦期の想像力によって生まれたテレビドラマだ。エージェントたちは達成不可能な指令を受けては、基本的に自由と民主主義を守るために共産主義の敵と戦う。一九九六年に映画シリーズとして復活した『M：I　ミッション・インポッシブル』はどうか。共産主義という敵を失った秘密諜報組織は新たな敵を見つけなければならない。『M：I－2』（二〇〇〇）で凶悪ウィルスとそのワクチンを同時に開発した科学者がいみじくも語る。「スーパーヒーローが出現するためには、最凶の敵が必要なのだ。[1]」ハリウッド映画が見出した最凶の敵がテロリズムである。テロリスト集団はスーパーヒーローたちにとって、一切の弁護の余地もなく倒すべき敵となる。

もちろん、ハリウッドが描くテロリストたちはイスラム教とつねに結びつくわけではない。『ハート・ロッカー』『マーシャル・ロー』『キングダム』など、確かにジハーディストによる自爆テロが描かれることもあるが、『ダイ・ハード』や『M：I』のような人気シリーズのスーパーヒーローたちが戦う相手は、多くの場合無国籍テロ組織である。だが、ニュース報道で繰り返し取り上げられるイスラム過激派によるテロは、ハリウッド映画による「テロ＝悪」という図式と連動し、アメリカ市民のあいだにイスラモフォビア（イスラム恐怖症）を蔓延させる。バラク・オバマは二〇〇九年にエジプト、カイロで講演し、「イスラムはアメリカの同胞だ」と歴史的な宣言を残した。だがアメリカ市民は次の大統領にもっとも反動的な人物を選んだのである。
映画やテレビなどのポピュラー文化がイスラモフォビアを強固にする一方、ヒップホップには異文化間の衝突を和らげる力がある。パレスチナ系のＤＪキャリッドは、『ローリング・ストーン』誌のインタビューで、このイスラモフォビアの時代に子供を育てる不安について訊かれ、「愛こそ力だ」と明言する。

——あなたの両親はパレスチナ系移民だ。今年になって、米国の反ムスリム人種差別はかつて見ないほどに悪化しているようだ。こんな風潮のなかで、子供をイスラム教アメリカ人に育てることへの不安はありませんか？
私たちは善良な市民であり、無知を受け入れはしない。「彼ら」とは距離をとるということだ——無知とは距離をとるのだ。愛は世界でもっとも力に満ちたものだ。(2)

二〇一七年二月、ＤＪキャリッドは幼い息子の写真とともに、大統領令に反対するメッセージをインスタグラムに載せる。「私はイスラム教徒のアメリカ人だ。愛こそが鍵だ。愛こそが答えだ。とてもたくさんの人々が愛によってひとつになるのは、見ていて素晴らしい！　私はすべての人々のために祈る。私たちがみな平和のうちに愛し生きることを祈る。[3]」この単純なまでの平和主義は、大統領が敵視する移民像とは相反するものであろう。

二〇一五年のピュー・リサーチの調査によれば、米国のイスラム教徒は推定三三〇万人、人口の一パーセント程度に過ぎない。ヨーロッパではイスラム系移民が三割に達する地域も生じ、「ムスリム・ゲットー」が形成されているのに比べれば、米国のイスラム教徒は目立たない存在である。それでもなお、どうしてイスラモフォビアが生じるのか。イスラム教徒が米国で際立って見えるのは、マルコムXやムハマッド・アリのような著名人がおり、一九九〇年代にはヒップホップ・アーティストたちが続々とイスラムへの信仰を声明したことによる。彼らはコンバート（改宗者）であり、白人キリスト教中心のアメリカ社会に反旗を掲げた黒人たちが、イスラムに帰依することによってオルタナティヴな価値観を提示した。そこには確かに黒人社会と白人社会の対立があった。

一方で現在三三〇万人の米国イスラム教徒の三分の二から四分の三までは移民である。二十世紀には圧倒的にコンバートが多かったイスラム教徒は、二十一世紀になって移民やコンバートの二世の世代となり、生まれながらのイスラム教徒（ボーン・ムスリム）である。ヨーロッパやアメリカで、イスラム系移民の文化は音楽やファッションの領域で「ムスリム・クール」

と呼ばれるサブジャンルを生み出すに至っている。

いまや半世紀近くの歴史をもつヒップホップにおいて、イスラム教との関わりも変化を重ねている。ヒップホップ・ムスリムの分析は、人種によって分断されるアメリカ社会へのオルタナティヴな視点を導入すると同時に、異文化間の衝突という今日のグローバルな問題への平和的な解決案と希望を提示するべきものとして、大きな意義をもつであろう。

二十世紀米国イスラム教と黒人音楽

二十世紀初頭、移民の入国が制限されていた時代、米国のイスラム教徒はごくわずかの数だった。奴隷制時代に、イスラム教の信仰を実践していた黒人奴隷もいたが(4)、例外的だった。黒人奴隷たちはキリスト教に改宗させられていた。オスマン帝国と南アジアからの少数の移民たちが、イスラム神秘主義やインドのアフマディーヤ運動を持ち込んでいた。

グローバルな宗教であるイスラム教においては、各地域で強力な指導者が現れると、その地域独特の宗派が生まれる。二十世紀の米国の場合、黒人のコンバートが圧倒的多数だった。スンニ派のモスクは国内に広まっていたが、一九二五年シカゴで、ノーブル・ドリュー・アリがムーリッシュ・サイエンス・テンプル（ＭＳＴ）を設立し、アメリカ黒人による宗派が始まった。そして一九三〇年、ウォレス・ファルードがデトロイトでネイション・オヴ・イスラム（ＮＯＩ）を創設。のちの黒人運動とヒップホップに大きな影響を及ぼす教団である。一九三四年にファルードが失踪すると、イライジャ・ムハマッドがＮＯＩの二代目教祖を継承する。イライジャ・ムハマッドは、ファルードをアラーの人間化した姿だと説き、さらにはみずからを予言者ムハマッドだとした。ＮＯＩは正統的なイスラムの教義から逸脱し、白人キリスト教社会に対抗する黒人運動として先鋭化した。

ＭＳＴとＮＯＩは黒人ジャズ・ミュージシャンのあいだに広まった。ディジー・ガレスピーやアート・ブレイキー＆ザ・ジャズ・メッセンジャーズらがＭＳＴの教団員となった。米国政府は彼らをジャズ大使に任命し、北アフリカでの演奏活動によって国際文化交流を図り、政治的に利用することもあった。だが一方で、ＦＢＩはＭＳＴとＮＯＩを宗教とは認めず、危険な黒人運動として監視した。

キリスト教中心のアメリカ社会で、イスラム教徒を公言してメジャー音楽活動をするのは困難が伴うことだっただろう。ジョン・コルトレーンの名作『至上の愛』（一九六五）は、キリスト教やイスラム教といった個別の宗教を越えて、普遍な存在としての神に畏敬の念を捧げた作品である。特定の宗教ではなく、普遍的な信仰を模索したコルトレーンは、カバラーなども含めて様々な宗教を学んだ。最初の妻ナイーマはイスラム教コンバートであり、彼女とまわりのジャズ・ミュージシャンからイスラム教の講釈を受けた。スピリチュアルなものに深く傾倒するふたり目の妻アリス・コルトレーンからも大きな影響を受けた。ふたりの探求の成果が『至上の愛』である。

このアルバムの一曲目「承認」の中盤でコルトレーンが披露するコーラスを、現在の若いイスラム教徒たちが熱心に聞き分けようとしていることを、ヒシャム・D・アイディが指摘している。(5) コルトレーンが静かに反復するフレーズは、イスラム教徒が聞けば、「ア・ラヴ・スプリーム（A Love Supreme）」ではなく、「アラー・スプリーム（Allah Supreme）」に聞こえるのだ。もちろん、反対者は反発し、子音のvはきちんと聞こえると主張する。いずれにしても、ライナーノートでコルトレーンが自分の生涯における精神的な生まれ変わりの体験を神に感謝する言葉は、「すべての賛美は神にあれ」などと、コーランからの引用を思わせる。もちろんそれにも反論があり、聖書でも使われる言葉だと言われるだろう。

つまり、コルトレーンは、イスラム教にインスパイアされながらも、イスラムに制限するわけではない普遍的な神への賛美を表明していたのである。本来、イスラム教は他の宗教に対して寛容であり、あらゆる宗教を包含して普遍宗教となることを視野に入れている。この点にコルトレーンは可能性を見出したのではないか。だが、もし一九六五年当時に、アルバムタイトルを明確に「アラー・スプリーム」としていたら、このアルバムの需要史はどのように違っていただろうか。ジャズ界にいかにイスラム教徒が多いとはいえ、イスラムを音楽業界のなかで明確に主張することは困難だったのだろう。

では、ジャズ・ミュージシャンたちはそもそもどうしてイスラム教に惹かれたのか。二十世紀初頭のジャズ・エイジやスウィング・エラの時代、さらにはハリウッド映画の興隆によって、黒人エンターテイナーは広く大衆から愛される存在ではあった。それでも彼らは、あくまで白人パトロンに奉仕することによって社会から認められることに対して、つねに不満を抱いていたはずである。ディジー・ガレスピーによれば、多くの黒人ジャズ・ミュージシャンがイスラム教にコンバートしたのは、「黒人性から逃れる」ためだという。彼は自伝のなかで、あるミュージシャンの言葉を紹介する。「だってよ、ムスリムの信仰に入れば、もう黒人じゃなくなるんだ、白人扱いだ。新しい名前を手に入れて、もうニガーなんて言われなくなる。(6)」

「黒人性からの逃避」は、のちのヒップホップにおいて「黒人性」を獲得し誇示することと、表裏をなすようだ。

一九六〇年代には、NOIがムハマッド・アリやマルコムX ら影響力の強い人物を輩出した。ジャズからR&Bへと目を向けると、この時代にNOIやスンニ派から影響を受けたミュージシャンは数多い。デルフォニックス、ファイヴ・ステアステップス、モーメンツ、アース・ウィンド&ファイヤー、クール&ザ・ギャング、等々。ゴスペルとの関わりからキリスト教色が強いと思われがちな黒人音楽だが、イスラム教との関わりは深い。一九八〇年に世界的なヒットとなったクール&ザ・ギャングの「セレブレーション」がコーランからインスピレーションを得ていたことはあまり知られていない。

そして、一九六〇年代にクラレンス13XがNOIと決裂し、ファイヴ・パーセント・ネイション（FPN）を設立したことが、のちのヒップホップに決定的な影響を及ぼすことになる。一九七〇年代にニューヨークでヒップホップは生まれた。最初期の重要なアーティストたち、たとえばアフリカ・バンバータやコールド・クラッシュ・ブラザーズは、FPNに深い関心を寄せていた。一九九〇年代のヒップホップ黄金期には、「イスラム教はヒップホップの非公認宗教」（ハリー・アレン）と呼ばれるまでになるが、その背景にはFPNの黒人への浸透があった。ここでFPNとヒップホップの関わりを掘り下げてみよう。

ファイヴ・パーセンターズとヒップホップ

一九六〇年代に急速に勢力を拡大したNOIは、一方で教祖イライジャ・ムハマッドに対する不信感から分裂や衝突が教団内で起こった。教団を代表する指導者だったマルコムXが教祖の女性問題に疑問を抱いて離脱したことはよく知られている。クラレンス13Xの場合は、離脱の理由は明らかになっていない。フェリシア・M・ミヤカワは、離脱の理由を推測したいくつかの説を紹介しているので、ここで確認しよう。[7]

まずひとつに、教祖とクラレンス13Xのあいだで教義をめぐる衝突が起こったこと。イライジャは創始者ファルードがアラーの人間化だと説いたが、サウジアラビア生まれのファルードはアラブ人であり、黒人ではなかった。これは創造主は黒人であると説くNOIの教義に対して矛盾するとクラレンス13Xはとらえた。彼にとって、神は必ず黒人でなければならなかったのだ。

別の説では、クラレンス13Xの放蕩ぶりにイライジャが立腹し、追放したともいわれる。クラレンス13Xが教団の教義を遵守せず、賭け事や飲酒を好んで繰り返していたのだという。このふたつの説――神は黒人であること、賭け事や飲酒を認めるなど戒律が緩いこと――は、FPNの特質をともに表している。

クラレンス13Xは、ファルードが残した暗号を「解読」したと主張した。人種差別の激しい時代に、黒人にイスラム思想を教唆する者としてFBIから危険視されていたファルードは、その思想を英語で書き残すことに身の危険を感じ、暗号にしたためた。クラレンス13Xの解読によれば、世界は十パーセントの権力者が八十五パーセントの無知な大衆を無知の状態に閉じ込めて支配しているのだという。残り五パーセントの真実を知る者たちが大衆に真実を伝え、世界を改革することができるのだという。その五パーセントの人々が「ファイヴ・パーセンター」たちである。

もはやこの思想は、正統的なイスラム教から完全に逸脱した、白人が支配するアメリカ社会に対抗するための理論武装に他ならない。FPNはまたの名をネイション・オヴ・ゴッズ・アンド・アースとも称する。FPNの教えでは、黒人男性のひとりひとりが神であり、黒人女性のひとりひとりが大地なのだ。このようなジェンダー役割分担に差別的なものを感じられるかもしれない。実際、FPNの会員は圧倒的に男性が多かった。

みずからNOIの戒律を守らなかったクラレンス13Xは、黒人男性は神であり、神は他人から命令されることなく己を律することができるから、飲酒、喫煙、賭博、薬物などを禁じるかどうかは各自が判断すればよいとした。クラレンス13Xは一九六九年に早世し、その後正式な指導者をもたなかったFPNは、NOIと比較してさらに自由な信仰スタイルになった。この戒律の緩さは、ヒップホップ世代の黒人男性を惹きつけた。スパイク・リー監督のコメディ『バンブーズルド』(二〇〇〇)では、豚肉を避けることだけは気にかけて、あとは放縦なエセ黒人活動家をモス・デフが演じている。

会員との問答で、黒人男性が神であるなら、それはアラーであるということか、と訊かれ、クラレンス13Xはそうだと応じた。それからFPNの会員の多くがみずからをアラーと称するようになった。ラッパーのラキムは、ラップ・パフォーマンスにおいて繰り返し自分のことを「ラキム・アラー」と名乗っている。

FPNのホームページには、次のような教義が掲げられている。

私たちの教え

一、黒人は地球に住む人類の起源である。

二、黒人は文明の父であり母である。
三、「崇高数学」の知識は人間と宇宙の関わりを理解する鍵である。
四、イスラムは本来の生き方であり、宗教ではない。
五、教育は私たちが人として自己充足できるように仕向けられるべきである。
六、ひとりひとりが自分のもつ知識によって他人に教えるべきである。
七、黒人男性は神であり、ALLAH の名がふさわしい。すなわち Arm, Leg, Leg, Arm, Head である。
八、私たちの子供たちは、私たちの未来への絆であり、育まれ、リスペクトされ、愛され、守られ、教育を与えられなければならない。
九、結束した黒人家庭は、国家の大切な基盤である。(8)

第四項でイスラムは宗教ではない、とまで言い切っているが、アラビア語の“deen”は、「宗教」と「生き方」の意味を同時にもち、本来のイスラム教では宗教こそ生き方なのである。FPNは、世界的に見れば完全に異端なのだが、アメリカ黒人たちにとっては、白人キリスト教社会に対抗する価値観を提示してくれるものとして大いに魅力を放ち、そして入信者がのちに真のイスラム教に目覚める入り口ともなった。

ヒップホップの始祖のひとりアフリカ・バンバータの影響と、スパイク・リー監督の映画『マルコムX』（一九九一）のヒットによる世界的マルコムX現象のおかげで、一九九〇年代には多くのヒップホップ・アーティストたちがNOIやFPNに関心を寄せた。その名前を列挙するなら、プア・ライティアス・ティーチャーズ、ブランド・ニュビアン、KRS-One、アイス・キューブ、パブリック・エナミー、ウータン・クラン、ラキム、NAS、ジェイZ、ピート・ロック&C・L・スムース、ザ・ルーツ、グールー、コモン、ビッグ・ダディ・ケーン、バスタ・ライムズ、モブ・ディープ、ジュラシック5……当時の人気アーティストたちを幅広くカバーすることになる。

フェリシア・M・ミヤカワは、多くのラップの歌詞にFPNの教義が織り込まれている例を分析している。だが、ここではミヤカワが取り上げたものではない作品を、別の顕著な例として紹介することにしよう。ウータン・クランのメンバー中でもとりわけFPNに心酔していたインスペクター・デックのソロ作品「ショウ・N・プルーヴ」（一九九九）である。この曲では次のようなコーラスが反復される。

The power of God's in you（神の力はあなたの内にある）
The power of God's in you（神の力はあなたの内にある）
True, the time has come through（真実だ、時は訪れた）
Chosen few must show and prove（選ばれし少数の者が明示し証明しなければならない）(9)

「選ばれし少数の者」がファイヴ・パーセンターであるのは明白だが、白人を中心とするほとんどのアメリカ人はＦＰＮの存在を知らないため、これをイスラム系のメッセージとしてよりは、普遍的なメッセージとして聞く。第一ヴァースで語り手は、十二歳のときから九ミリ口径の銃を手にし、犯罪傾向をもちながら傷つき思い悩み、神にすがったころの思いを語る。すると「先輩たちが俺を導いてくれた（the Older Gods put me on)」。ＦＰＮにおいて、すでに述べたように黒人男性は神であるので、先にＦＰＮに入信した年長の黒人男性たちは"the Older Gods"と呼ばれる。このことも一般的なアメリカ人の知識にはまったくないため、「古い神」とは何を指しているのか理解が困難になる。

第二ヴァースではいよいよ、ＦＰＮの教義が中心となる。

I learned it as a child, knowlede be the key（子供ながら俺は学んだ、知識こそ鍵だ）
To unlock your brain and your mind state free（脳を解き放ち、精神を自由な状態にするための）
It's true, the time has come through, chosen few（真実だ、時は訪れた、選ばれし少数の者よ）
Show and prove, the power of God's in you（明示し証明せよ、神の力はあなたの内にある）
Or remain a savage in pursuit of happiness（そうしなければ幸福を求める野蛮人のままだ）
Who lacks jewels, love and peace complete the package（宝石、愛、平和というひと揃いももたず）
The fact is five out a hundred know the truth（事実は、百人に五人が真実を知っているということだ）
The wisdom might blow the roof when shown and proved（その知恵は屋根を吹き飛ばすくらいだ、明示され証明されれば）

はっきりと五パーセントという数字が出てくるが、必ずしもアラーの名やコーランの言葉が使われるわけではない。最終ヴァースで「悪魔」という言葉を使うとき、NOIのイライジャ・ムハマッドが「白人は悪魔だ」と断罪したことを想起させる。

I speak to the black-berried, yellow seeds（俺はブラックベリーの黄色い種子たちに向けて話す）
My fellow breed all races, colors and creeds（わが同胞こそすべての人種、肌の色、信条を産むのだ）
Search for the knowledge, use science and math（知識を求めよ、科学と数学を使え）
And be queens and kings like the centuries past（そして女王と王たれ、数世紀の昔のごとく）
The devil tried to fool my people, said we was equal（悪魔がわが民族をだまそうとして、俺たちは平等だと言った）
But I believe him when our cultures see freedom（だがその言葉を信じるには、まず、われらの文化が自由をみなければならない）

過去のギャングスタ生活から改心し、知識を得て生まれ変わり、民族の誇りを謳いあげ、人種主義社会に風穴を穿つ――これはまさに第Ⅱ章で論じた、マルコムXが生きたヒップホップ・ナラティヴではないか。

そしてその主張は、ジョン・コルトレーンの『至上の愛』の「アラー・シュプリーム」と同じく、表面的にはそれと気づかない形で作品内に組み込まれ、一般のリスナーは気づきもしないが、わかる者、わかろうとする者には確実にメッセージとして届くのである。ウォレス・フアルードの暗号を読み解いたクラレンス13Xの教義が、ラップによって再暗号化され、広く聴衆の耳に届き、その再解読を迫るのだといえる。確かにこの教義は、正統的なイスラムの教えからまったく逸脱したものだったかもしれない。だが、すでに述べたように、NOIやFPNはアメリカ黒人がイスラム教に興味をもつ入り口として機能し、白人中心のアメリカ社会にオルタナティヴな視点を提供したのである。

そして同年一九九九年には、ヒップホップ・ムスリムの歴史において画期的な事件が起こる。モス・デフ（ヤシーン・ベイ）のソロ・デビューである。モス・デフの父はNOIに入信後、本格的なイスラム教に転向し、スンニ派の教徒となった。イスラム教徒の家庭で育ったモス・デフは、シャハーダ（信仰の宣言）を行い、みずからもスンニ派の教徒となった。

これまで見てきたように、二十世紀のアメリカのイスラム教徒は圧倒的にコンバートが多かった。アメリカ社会の現状に疑問をもった黒人が、イスラム教に答えを見出したのである。M

STに入信したジャズ・ミュージシャンたちが、「黒人性」から逃れ、一個の人間となるためにイスラム教を選択した。それはみずからの黒人性を否定したのではなく、アメリカで置かれた黒人の地位からの脱出を図ったのだ。ヒップホップ世代は、NOIやFPNに加わって、むしろ黒人性を強調することにより、アメリカの人種主義社会に対抗した。マルコムXは『自伝』において、NOIの勧誘行為、「フィッシング」について記述している。教団は黒人系キリスト教会の門前で待ち構え、教会から出てくる黒人たちを勧誘した。また、刑務所の出所者たちも多く受け入れた。罪を背負って生き、来世での救いを待つキリスト教に対して、現生で救われるイスラム教は黒人にとって魅力的だった。イスラム教では、改宗前の無知な状態で犯した罪は、改宗後には許される。それは出所者たちにとって大きな救いとなった。

モス・デフの登場は時代の大きな変化を表している。コンバートの二世や移民たち、ボーン・ムスリムがアメリカのイスラム教徒の主流へとなっていくのだ。モス・デフはタリブ・クウェリとのユニット、ブラック・スターですでに注目を集めていたが、ソロ・デビュー・アルバム『ブラック・オン・ボス・サイズ』の発表は重大な契機だった。アルバムの開始曲「フィアー・ナット・オヴ・マン」の冒頭で、彼はコーランの一節を唱えてソロ活動の航海に出た。"Bismillah ir Rahman ir Raheem"(神の名のもとに、もっとも慈しみ深く憐み深い(10))

これは芸術を始めるにあたって唱える言葉であり、モス・デフにとってはごく自然なことだった。アルバムをこの言葉で開巻したことの意図をH・サミ・アリムにインタビューで問われ、モス・デフは次のように答える。

作品を公衆に届けるときは——書いたものであれ口頭のものであれ——そういう風に作品を祝福するべきだと、アドバイスを受けてたんだ。なるほどと思ったね。スピリチュアルな層がそれを成功に導いてくれる。まあ、こうやってアラーに通じようと努力してるってことだね。それで、すべてはアラーの思し召しで、ぼくの努力は報われるだろう。[11]

タイトルの「フィアー・ナット・オヴ・マン」とは、「人を畏れることなかれ、ただ神のみを畏れよ」というコーランの教えから来ている。ただし、モス・デフはエンターテイナーであって、決して宗教家ではない。作品の内容は、イスラム教の教えを説くのではなく、「俺たちはヒップホップだ」という、ヒップホップによって形成される集団意識を語っている。「俺、おまえ、みんな、俺たちはヒップホップだ。だから今度、ヒップホップはどこへ向かっているんだろうと思ったら、自分の胸に聞いてみろ——俺はどこへ行くんだ、俺はどうするんだ、って。」ヒップホップは生き方である。ヒップホップ文化を形成する集団のひとりひとりがどう生きるかによってヒップホップは絶えず変化する。そしてその集団は、ローカルな範囲を超え、イスラム教と結びつくことによって、アジア、中東、北アフリカまでと至る「ヒップホップ・スンマ」（アリム）のネットワークへと発展していく。

二十世紀の終わりに、ヒップホップ・ムスリムは社会の周縁に置かれた多様な人々を結合する大きな力となった。その勢いはとどまることを知らないように見えた――新世紀を迎えるまでは。

9・11以後のムスリム・ヒップホップ

二〇〇一年九月中旬、テキサスに拠点を置き、全米に一一七〇もの支局をもつラジオ・ネットワーク、クリア・チャンネル・コミュニケーションズ（以下CC、現在のアイハート・メディア）は、各支局に放送すべきではない一五〇曲以上のリストを配布した。9・11同時多発テロ事件直後に、聴衆の感情を刺激しないように爆発や飛行機に言及のある曲の放送自粛を要請したのだ。ギャップ・バンドの「ユー・ドロップト・ア・ボム・オン・ミー」、サウンドガーデンの「ブロウ・アップ・ジ・アウトサイド・ワールド」などが含まれていたが、多くの曲は爆発とは関係なく、当時の状況でいたずらに聴衆の不安を煽る可能性があるものとしてリストアップされた。CCのリストにはビートルズやエルトン・ジョンらの曲が含まれていた。どのアーティストも曲名が指定されていたが、政治的に過激なメッセージをもつレイジ・アゲンスト・ザ・マシンの曲は全曲放送自粛とされた。

CCのリストは、検閲行為にあたるという批判を集めた。その是非は措くとして、9・11直後にインスペクター・デックの「ショウ・N・プルーヴ」がラジオから流れてきたら、確かに聴衆に穏やかならぬ感情を引き起こしたかもしれない。あるいは聴衆はその曲とイスラムとの関わりに気づかないかもしれないが。

アメリカのラジオ局には人種的な好みが強く反映されるので、黒人音楽は黒人ラジオ局で流される。CCのリストは白人のロックが中心であり、わざわざリストアップしなくとも、支局がラップ音楽を流すことはなかったのだろう。ギャップ・バンドは黒人のファンク・バンドであるが、他に黒人音楽ではルイ・アームストロングの「この素晴らしき世界」が時節にふさわしくないとしてリストに含まれていた。白人ラップ・グループ、ビースティ・ボーイズの曲も含まれていたが、黒人のラップは見当たらなかった。

メジャー・ネットワークの自粛リストに含まれていないからといって、ヒップホップ・アーティストたちの表現の自由が守られていたわけではない。つい少し前まで黄金期にあったかのようなヒップホップ・ムスリムは、途端に表現の不自由に直面することになった。

ラキムは、エリックB&ラキム時代に、9・11を予見したかのような作品を書いている。「カジュアルティーズ・オヴ・ウォー」(一九九二)は、湾岸戦争に参加した黒人兵をラップの語り手に設定した作品である。イラクへ参戦した語り手は、いったい自分が何のために戦っているのがわからない。自分を戦災から守ってくれる唯一の存在はアラーであるが、サダム・フセインだって同じ神を信仰しているではないか。自分は間違った側で戦っているのではないか。そして戦争は一時的に終わり、語り手は無事帰国するが、次に呼ばれても決して応じないと決意する。語り手は湾岸戦争の無意味と矛盾を告発するが、それはベトナム戦争からイラク戦争に至るまで繰り返されることである。次の一節が痛烈に十年後の世界に警告を与えている――

いま俺は家で予備兵としているが、絶対
招集を受けても無許可離隊だ
だって俺が戦争に戻るなんてありえない

誰のために何のために戦っているのかもわからないのに
だから俺はテロリストたちの攻撃に備える
トラックが後方射撃してきたらいつでも撃ち返す
頭のうえを飛行機が飛んだら俺は逃げ場を探す
真珠湾を忘れるな、ニューヨークはヤバいかもな
カミカゼ、爆弾を体に巻き付けて
平和のないアジアじゃ、サダムの報復を望んでいる(12)

飛行機がカミカゼ攻撃でニューヨークを襲う光景をラキムは一九九二年に幻視していた。もちろんこの曲はCCの自粛リストには含まれていなかったが、とはいえ、9・11以後にラキムのようなラッパーたちが表現の困難に直面したことは間違いない。9・11のビフォーとアフターで、彼らの表現はどのように変化したのか。その点についてここで考察に移ろう。

ラキムはエリックB&ラキム時代にその押韻の才と知的な考察によって、ヒップホップ史上最高のリリシストのひとりとして評価され、後続のラッパーたちに巨大な影響を及ぼした。ジェイZ、モス・デフ、タリブ・クウェリらは、ラキムが残したフレーズをそのまま自分の作

		The Master (1999)	The Seventh Seal (2009)
Allah	神	3	0
	自身	8	3
God	神	0	2
	自身	17	16
	黒人男性	2	0
The Most High		0	2
Lord		0	3 (13)

品に引用することで、ラキムへのリスペクトを表した。一方、リスナーにとっては、彼らのラップする一節がラキムの引用であることに気づくという、ヒップホップの歴史に対する知識が要求される。ソロ活動に移行後のラキムは、自分を神格化することを作品のテーマとしていたようである。一九九七年のソロ・デビュー・アルバム『ジ・エイティーンス・レター』において、十八番目の文字とは自分の頭文字Rのことである。FPNの教義どおり、みずからをラキム・アラーと称した彼は、自己を誇張して自慢するというラップの性質と相俟って、ヒップホップのレジェンドとしての自己定義を積み重ねた。ここで一九九九年のセカンド・アルバム『ザ・マスター』と、9・11後に満を持して発表された二〇〇九年のサード・アルバム『ザ・セヴンス・シール』を比較対象に挙げて、9・11のヒップホップ・ムスリムに対する影響を読み取ることにする。

9・11後の愛国的な国内状況において、商業音楽がアラーの名を口にするのは容易なことではなかった。二作品において、どれだけの頻度でAllahやGodという言葉が発せられるかを比較しよう。ただし、FPNでは、どちらの言葉も必ずしも神を意味するわけではなく、黒人男性を表すことが多い。右ページの表が、使われた回数を示す。

以下、両作品を発表年で表記すると、九九では、自分たち黒人を見守る存在としてのアラーに言及があるが、〇九ではアラーという語は姿を消す。みずからをラキム・アラーと称する例は変わらず見られるが、九九では見られなかった「ザ・モスト・ハイ」や「ロード」といった遠回しの表現が〇九で採用されている。表には挙げなかったが、「マン・アバヴ」では、自分を見守る神の存在が「天上の人間」として描写される。

The man above been talking to me (天の人が俺にずっと話しかけてくれている)
He said he understands my view (俺の考えがわかると言ってくれた)
He's always walking with me (彼はいつも俺に寄り添ってくれている)
Cuz he sees what I've been through (だって、俺がどんな経験に耐えているかを見通しているから)(14)

もちろん、9・11以後にラキムの信仰に変化があったわけではない。「ホーリー・アー・U」では、聖書からの引用も織り交ぜながら、NOIの現在の教祖ルイス・ファラカンの名やコーランへの言及もして、みずからの神聖化を企てている。それでも、アルバム全体的にイスラム色を排し、意図的にアラーという語を使わないようにしていることは明白である。アメリカの商業音楽の世界で、ラキムが困難を感じていたことは間違いないであろう。一九九〇年代に自己の神格化をラップのテーマとしてしまったことが仇となったのか、ヒップホップ史上最大の技量を誇ったラッパーは、9・11以降に第一線を退いてしまった。

キリスト教中心のアメリカにおいて、9・11直後にもっとも適切な非キリスト教的宗教表現を示したのは、おそらくタリブ・クウェリだろう。両親や交友のあるアーティストたちの影響から、タリブ・クウェリがイスラム教に関心をもっていたことは推測可能だが、彼は正式にイスラムに入信したわけではない。彼の二〇〇四年作品『ビューティフル・ストラグル』中の佳品「アラウンド・マイ・ウェイ」の冒頭で、彼は次のような信仰告白をする。

People let me paint a picture（みんな、俺に肖像を描かせてくれ）

You know I ain't a Christian（まあ、俺はクリスチャンじゃないけど）
I ain't a Muslim, ain't a Jew（ムスリムでもユダヤ人でもない）
I'm losing my religion（俺は宗教を失くしつつある）
I speak to god directly（俺は神に直接語りかける）(15)

9・11直後の喧騒のなかで、報復の戦争が行われ、人々の愛国心が問われた。そのとき一枚の絵に描かれることが求められる理想像は敬虔なキリスト教徒であるはずだが、クウェリは敢えてキリスト教徒であることを否定する。"paint a picture"で求められる答えを見事に裏切って"ain't a Chrisian"と韻を踏むのは秀抜である。韻によって、もっともかけ離れたふたつのものが同じ地平に引き寄せられ、激しく火花を散らす。もちろんクエェリはイスラム教もユダヤ教も矢継ぎ早に打ち消し、特定の宗教を越えた普遍的な神へとアプローチする。これこそ9・11直後にひときわ光彩を放った宗教観である。

NOIやFPNでイスラム教に関心をもった黒人たちは、9・11後に自分の信仰に試練を受けたに違いない。だが、モス・デフ以降、時代は着実に移り変わり、アメリカのイスラム教徒は移民やコンバートの二世であるボーン・ムスリムが主流になっている。モス・デフに続いて現れたのがルーペ・フィアスコである。父親がブラック・パンサー党員だったルーペはコンバート二世であり、幼少時からイスラム教徒として育った。同時期に頭角を現したパレスチナ系移民のＤＪキャリッドとともに、新しいヒップホップ・ムスリムを代表するアーティストである。

二〇〇六年のメジャー・デビュー・アルバム『フード&リカー』で、ルーペ・フィアスコはモス・デフの例に倣い、アルバムをアラビア語の詠唱で始めた。"A'uzu billahi min ash shaitini rrajimi / Bismi'llahi 'r-rahmani 'r-rahim"（私は求める、神の悪魔に対する加護を／神の名のもとに、もっとも慈悲深く憐み深い）シカゴの街中で頻繁に見かける看板"FOOD & LIQUOR"からルーペはアルバムの着想を得た。「イントロ」ではまず女性のナレーションが入る。

マルコムとマーティンの時代は終わった。私たちの希望は失墜し、脇に追い払われた。革命の再インストールが待たれている。なぜなら私たちはみずからの汚染のせいで死にかけているからだ。だが神は次の解決を用意した。それはフッドから登場したのだ。救いを求める者に紹介しよう、フィアスコを！[16]

フッドから現れた神の使者としての紹介を受け、ルーペが登場し、次のような哲学を語り始める。

俺はこんな哲学に至った。俺が思うに、世界は、そしてそのなかのすべてのものは、ふたつのものの混合でできている。誰だって、自分のなかに善と、悪をもってるだろ。フードがあって、リカーがある。そういうものさ、チル！

みずからに滋養を与えるフードと、一時的な快楽のために身を滅ぼさせるリカー、だがその片方を否定するのではなく、その両面をもっているのが人間なのだと肯定する。この考え方は、飲酒等を認めたFPNの教えにも似て、正統的なイスラム教から逸脱するアメリカ的なものである。二〇〇六年という時点で、すべてを善悪の二元論でとらえて悪を排斥しようとしたブッシュ政権に対するアンチテーゼとして唱えられたのであろう。アルバム中の「アメリカン・テロリスト」ではアメリカの物質主義こそ貧者に対する最大のテロだと主張し、ルーペは政治的コメントを以後も展開し続ける。オバマ元大統領への批判は第I章でみたとおりである。

9・11によって勢いをそがれたヒップホップ・ムスリムは、時を経て、ポスト9・11のアーティストたちの登場によって新たな局面を迎えることになる。

イスラム系移民と〈ムスリム・クール〉

パレスチナ系移民の家庭で育ったDJキャリッドは、みずからを敬虔なイスラム教徒と規定する。彼は全作品の共同プロデューサーとしてアラーの名を連名している（最近では息子の名前も挙げている）。だが、それをのぞけば、彼が正統的なイスラム教らしい禁欲を前面に打ち出すことなどなく、ヒップホップではおなじみの、ゲットー、プロジェクト（貧困層向けの団地）、フッドの貧困から這い上がって大金持ちになる物質的勝利の物語を、彼の多くの作品はなぞっている。

二〇〇七年の『ウィ・ザ・ベスト』中の「アイム・ソー・フッド」「アイム・フロム・ザ・ゲットー」などはもっとも特徴的である。黒人ラッパーたちとコラボレートしながら、自分たちこそフッドをリプリゼントするものとして、黒人男性同士の親近感を表すNワードの呼びかけを用い、「俺たちサイコー」とDJキャリッドは連呼する。彼は完全に黒人であるように思える。

ここでDJキャリッドの真正性に疑義を挟もうというわけでは決してない。ゲットー出身というアイデンティティーが彼に黒人性を寄与していることを実に興味深く思うのである。パレスチナ系ということは、人種の分類としてはコーカソイドに属し、いわゆる白人となるわけだが、彼は白人社会よりも黒人社会で生きるのである。

圧倒的に黒人コンバートが多かった二十世紀アメリカのイスラム教徒に対して、二十一世紀では中東を含めたアジアからの移民が増えてきている。北アフリカや中東出身のイスラム教徒は、アメリカの国勢調査では白人としてカウントされる。だが現実には白人としての特権を享受することなく、ときには迫害も受ける。マイノリティ認定による救済措置を受けることもできない。そこで二〇一〇年の国勢調査では、"Choose Others"の運動が起き、アラブ系のマイノリティ認定を求める動きがあったが、この時は不発に終わった。だが二〇二〇年の国勢調査からは新しい分類としてＭＥＮＡ（Middle East/North Africa）の選択肢が加わることになった。

ここに人種というものの境界線の曖昧さが露呈する。二〇一六年のイスラエル映画『ジャンクション48』はそのよい例である。アラブ人の若者たちを主人公とするこの映画は、国籍の分類としてはイスラエル映画ということになる。アラブ人ミュージシャン、タメル・ナファルを音楽監督・主演に擁したこの映画は、フッド・ムービーのアラブ版である。イスラエルという と、アラブ人とユダヤ人の世界が壁で分断されているようなイメージがあるが、実際には、この映画が舞台とするテルアヴィヴなどでは、アラブ人とユダヤ人が共存している。イスラエルではアラビア語とヘブライ語の二言語が使われているが、お互いにそれぞれの言語を多少は理解し、コミュニケーションを取り合う。すると、『ジャンクション48』で描かれる世界では、マイノリティであるアラブ人たちが、マジョリティであるユダヤ人の世界へと侵入する。同じコーカソイドであるアラブ人とユダヤ人は、見た目では区別がつかないのである。[17]

ナファル演じる主人公カリームはアラブ人の貧困地区に住む若者で、ラッパーとして成功することを夢見ている。念願のクラブデビューの機会を得るが、そのクラブでは国粋主義ユダヤ人ラッパーがボスとして君臨しており、「イスラエル万歳！」という内容のヘブライ語ラップでボスが会場を盛り上げた後、カリームがステージに上がってアラビア語でラップするという事態になる。また、別の場面では、アラブ人の青年たちがユダヤ人のふりをしてユダヤ人向け売春宿へ遊びに行く様子などが描かれる。『ジャンクション48』が描くイスラエル、テルアヴィヴの世界では、アラブ人とユダヤ人が共存し、混在しているのである。

つまりアラブ人は、白人の世界に入り込むことができる一方で、アメリカ社会ではＤＪキャリッドが選んだように、黒人との共存を戦略的に採用することも可能だ。『ムスリム・クール』（二〇一六）の著者スアド・アブドゥル・カベールは、イスラムとブラックネスを絶えずループする問題としてとらえる。[18] 自身がイスラム系移民であり、インナーシティ・ムスリム・アクション・ネットワーク（IMAN）での市民活動を通じてイスラム系の若者を支援する彼女は、若者の啓蒙活動にヒップホップが大いに有効だと感じ、黒人との共同作業を重視する。アメリカ社会においてイスラムの地位を高めるにはブラックネスがもつ力が重要となるし、アラブ系移民がアメリカ社会に溶け込むための手段としてヒップホップ文化はとても馴染みやすい。そもそもすでにアジアや中東にヒップホップが広まっているので、その文化の創始者として移民たちはおのずと黒人に敬意を抱くのである。

中東におけるヒップホップの浸透については、すでにロビン・ライトの『ロック・ザ・カスバ』（二〇一二）が詳しく報告している。ブロンクスの黒人にとってヒップホップがギャング暴力の代替となったように、中東の若者たちは自爆テロの代わりにヒップホップを表現の手段として選択する。先述のナファルはライトのインタビューに答えて、「あらゆる村にいまではヒップホップがある。ヒップホップはぼくたちのＣＮＮだ」[19] とし、かつてチャックＤが「ラップは黒人のＣＮＮだ」といったことに呼応する。

スアドは〈ムスリム・クール〉を、ブラックネス、イスラム、ヒップホップのトライアングルが連動するものとしてとらえ、彼女は非黒人であるにもかかわらず、ブラックネスを三角形の頂点に挙げた。ブラックネスは単に人種的にアフリカ系であるということではなく、マイノリティが共有すべき力なのだ。それはＤＪキャリッドがフッドで獲得したように、地域に根差した活動を通じて周囲からリスペクトされることによって生じる。白人キリスト教中心のアメリカ社会に対してマイノリティがとる戦略として、クールを愛する西洋的価値観においてムスリムを積極的に評価するのだ。

〈ムスリム・クール〉とはスアドが打ち出した概念ではなく、すでにヨーロッパでは広まっていた言葉である。ヨーロッパではイスラム系の移民が圧倒的に増加し、それに従って移民系のサブカルチャーが形成された。イスラム的なオリエント趣味が西洋の自由な商業的表現と出会って融合し、音楽、ファッション、デザインの面で新しい傾向が生まれた。イスラム系移民というと否定的なイメージを伴いがちだが、オランダのアウトランディッシュのような洗練されたグループも登場した。アウトランディッシュは三人組のボーカル・グループで、ふたりはイスラム教徒、ひとりはカトリック教徒である。彼らはムスリムの信仰とオランダへの愛国心をバランスよく保ったことで人気を確固としたものにした。

ヨーロッパとアメリカでは、イスラム系移民の置かれた状況が異なる。かつて帝国主義時代にアジアを植民地化したヨーロッパ諸国では、戦後にその償いと安い労働力の確保のため、旧支配下国からの移民を積極的に受け入れた。移民の数は膨れ上がり、人口の二割三割を占めるまでに至った。ムスリム・クールのような移民のサブカルチャーが生まれる半面、不満をもつイスラム系移民たちはジハード・ラップなどと呼ばれる、アメリカのギャングスタ・ラップにも似た忌み嫌われるサブジャンルも生み出した。イギリスのファンダメンタルの『オール・イズ・ウォー』（二〇〇六）は、オサマ・ビン・ラディンとチェ・ゲバラの演説をサンプルして革命を煽り、西欧社会を震え上がらせた[20]。

テロを煽るような過激なムスリム・ラップは、おそらくアメリカでは生まれる可能性が低いであろう。イスラム系移民の数がヨーロッパとは比較にならないほど低く、そしてすでに述べたようにイスラムはブラックネスと絶えずループしあって、アメリカにおいてはその均衡を保つのである。『ニュー・ムスリム・クール』（二〇〇九）というドキュメンタリー映画では、プエルトリコ系のイスラム教徒がＦＢＩから不当な扱いを受け、自分の信仰をより強固なものへとしていくが、彼は決して聖戦を唱えるのではなく、ヒップホップによって人々が連帯することを目指すのである[21]。もともとムスリム・クールという言葉がまだなかった一九九〇年代のマルコムXブームのときから、マイノリティたちにとってイスラム教はクールだった。アメリカにおけるムスリム・クールとは、ブラックネス―イスラム―ヒップホップのトライアングルから発せられる社会変革のパワーなのである。

だから、アメリカで生まれるのはジハード・ラップではなく、ネイティヴ・ディーンのような良心的なグループであるのだろう。コンバートの二世、ボーン・ムスリムの三人組である彼らは、幼少時から敬虔なイスラム教徒として育った。彼らの作品はメジャーのレコード会社から配給されることはないが、ネット配信が隆盛となった時代の変化により、メインストリームではできない活動を彼らは続けている。ムスリムの若者に対して、テロの暴力に訴えてはいけないと説諭する彼らの作風は、かつて一九八〇年代に黒人たちに対してヒップホップが「ストップ・ザ・バイオレンス」の運動を繰り広げたことを想起させる。ネイティヴ・ディーンは二〇〇五年にアメリカ国務省の要請でヒップホップ大使を務め、マリ、セネガル、ナイジェリアといったイスラム圏での親善公演を行った。彼らのグローバルな親善活動は、さらにエジプト、タンザニア、ヨルダン、パレスチナでの公演へと続いている。

ヒップホップとインターフェイス（異宗教間交流）の可能性

NOI系のコンバートが主流だったヒップホップ・ムスリムは、9・11以降、コンバート二世や移民らのボーン・ムスリムへと確実に世代交代していった。マルコムXが人気だった時代は終わり、代わりに黒人からも白人からも敬意を集めるマーティン・ルサー・キング牧師がヒップホップにおいても根強い人気を保持する。ヒップホップ・ムスリムにとってですらキング牧師は大人気だ。かつてはFPNの教えを熱心に説いていたウータン・クランは、アルバム『ア・ベター・トゥモロー』（二〇一四）のクライマックスに配置した力作「ネヴァー・レット・ゴー」で、キング牧師の「私には夢がある」演説をサンプルし、古くからのリスナーを驚かせる。彼らはイスラムを忌避して、かつての思想を捨ててしまったのだろうか。

だが、本編でメンバーがマイク・リレーによって受け継ぐ主張は、9・11以前と変わらぬものだ。先陣を切るマスタ・キラは、キング牧師の演説サンプルのあとで堂々と「バイ・エニー・ミーンズ・ネセサリ」というマルコムXの有名な言葉を引用する。いちど掴んだ力、知識を決して離すな、と訴えるこの曲は、それぞれのMCが「知識」「種」「崇高」といった、ウータンらしいいつものキーワードを織り込んでいる。非暴力を標榜したキング牧師の演説をサンプルしながら、彼らは戦いをやめるなと訴えるのである。もちろん、キング牧師も非暴力で戦っていたわけだから、決して矛盾するわけではない[22]。

他の例では、キング牧師の伝記映画『グローリー』（二〇一四）の主題歌「グローリー」のミュージック・ビデオで、ジョン・レジェンドと共演したコモンは、ローザ・パークスからファーガソンのデモに至る半世紀に及ぶ黒人たちの栄光を求める戦いを、あたかも敬虔なキリスト教牧師のように説諭する。果たしてこのキング牧師のイメージの氾濫は、ヒップホップ・ムスリムたちがその時代の流行に乗るだけで、思想に一貫性をもたないことを示すのだろうか。もちろん、そうではないと信じたい。キング牧師への敬意は、キリスト教徒であるかイスラム教徒であるかを問わず、黒人の地位の向上のために身を捧げたその行動に対して払われるのである。

最後にとても興味深いイベントを取り上げよう。二〇一六年八月、シカゴでのキング牧師の行進の五十周年を記念して、ＭＬＫリビング・メモリアル・プロジェクトがシカゴのマーケット・パークを会場にアート・イベントを催した。「ザ・テイキン・イット・トゥ・ザ・ストリート・フェスティバル」という名のイベントで、共催は先述のＩＭＡＮ。そしてイベントに登場した著名人の名は、ラキム、ブラザー・アリ、ユナ、イリヤサ・シャバズ……この出演者たちの顔ぶれは、本当にキング牧師を記念するものなのか、マルコムX記念の間違いではないのか。イリヤサ・シャバズはマルコムXの娘である。ブラザー・アリは白人ラップ・アーティストであるが、障がい者である。アルビーノ症を患い、皮膚の色素が欠落し、そのため太陽光に対する高度のアレルギーをもち、ほぼ失明状態にある。障がい者というマイノリティがアメリカ社会で置かれている状況に絶望し、イスラム教に救いを見出して十五歳でコンバートした。彼もまた非黒人でありながら、マイノリティとしてブラックネスを獲得した〈ムスリム・クール〉の体現者である。

主催者の発表によれば一万人がこのイベントに集結し、数多くのメディアに取り上げられたという。巨大なイベントとは言えないが、IMANらしい地域の市民活動といえるのではないか。もはやキング牧師かマルコムXかという二者択一ではなく、キリスト教とイスラム教の対峙でもなく、黒人と非黒人のあいだの垣根もない。ブラックネス―イスラム―ヒップホップのトライアングルによって形成される〈ムスリム・クール〉こそが、市民に希望の灯をともすのである。

かつてジョン・コルトレーンが試みたように、イスラム教を入り口として、より普遍的な神との交流へと至る。一九九〇年代のNOI系ヒップホップ・ムスリムは後退し、二十一世紀のヒップホップ・ムスリムが示すのはインターフェイス（Interfaith、異宗教間交流）の可能性ではないか。ちょうどマルコムXが、白人との対決姿勢を極めながら、晩年には真のイスラム教を体得し、人種の壁を取り払う思想に到達したのと同じように、ヒップホップ・ムスリムもまた、一九九〇年代の白人中心主義批判から、黒人と非黒人の共生へと進んでいる。

かつては白人中心のアメリカ社会にオルタナティヴな視座を提示したヒップホップだが、いまではアジア・中東・アフリカといった西欧以外の地域にもヒップホップは展開している。初めはアンダーグラウンドな文化だったものが、いまではメインストリーム化し、その存在の意義にも変化が生じている。新しい世界秩序と平和を目指すためのプラットフォームとして、ヒップホップはこれからもその柔軟で臨機応変な機能を果たし続けるだろう。

註

ラップの歌詞の引用には、The Original Hip Hop Lyrics Archive（www.ohhla.com）を主に参照した。

イントロダクション

（1）　Bakari Kitwana, *The Hip Hop Generation: Young Blacks and the Crisis in African-American Culture*（New York: Basic Civitas, 2002）, 3-4.

（2）　M. K. Asante, Jr., *It's Bigger Than Hip Hop: The Rise of the Post-Hip-Hop Generation*（New York: St. Martin's Griffin, 2008）, 1.

（3）　大和田俊之、磯部涼、吉田雅史『ラップは何を映しているのか——「日本語ラップ」から「トランプ後の世界」まで』（毎日新聞出版、二〇一七）、一四。

（4）　Tricia Rose, *Black Noise: Rap Music and Black Culture in Contemporary America*（Hanover, NH: Wesleyan UP, 1994）, 33-34.

（5）　Henry Louis Gates, Jr., *The Signifying Monkey: A Theory of African-American Literary Criticism*（New York: Oxford University Press, 1988）,64-76.

（6）　Rick Famuyiwa, dir. *Brown Sugar*（20th Century Fox, 2002; DVD 2002）.

（7） "Jay-Z Discusses Rap, Marriage and Being a Black Man in Trump's America" *The New York Times*, Nov. 29, 2017（www.nytimes.com/interactive/2017/11/29/t-magazine/jay-z-dean-baquet-interview.html）.

I　ヒップホップ・クロニクル

（1） Kendrick Lamar, "Alright" in *To Pimp a Butterfly*（Aftermath/Interscope, 2015）.
（2） Common & John Legend, "Glory"（ARTium/Def Jam/Columbia, 2014）.
（3） Grandmaster Flash & the Furious Five, "The Message" in *The Message*（Sugar Hill, 1982）.
（4） Kitwana, 64.
（5） N.W.A., "Fuck Tha Police" in *Straight Outta Compton*（Ruthless/Priority, 1988）.
（6） Cornel West, *Race Matters*（New York: Vintage, 1993）, XV.
（7） F. Gary Gray, dir. *Straight Outta Compton*（Universal, 2015; DVD 2016）.
（8） Benny Boom, dir. *All Eyez on Me*（Summit, 2017; DVD 2017）
（9） 2Pac（Tupac Shakur）, "Soulja's Story" in *2Pacalypse Now*（Interscope, 1991）.
（10） George Tillman, Jr., dir. *The Hate U Give*（20th Century Fox, 2018; DVD 2018）
（11） Felicia M. Miyakawa, *Five Percenter Rap: God Hop's Music, Message, and Black Muslim Mission*（Bloomington, IN: Indiana University Press, 2005）, 26.
（12） Melina Matsoukas, dir. *Queen & Slim*（Universal, 2019; DVD 2020）.
（13） Peter Spirer, dir. *Rhyme & Reason*（Miramax, 1997; DVD 1997）.
（14） Nas, "Black President" in Untitled（Def Jam, 2008）.
（15） Michael P. Jeffries, ""Where ya at?": Hip-Hop's Political Locations in the Obama Era" in *The Cambridge Companion to Hip-Hop*, Justin A. Williams ed.（Cambridge: Cambridge University Press, 2015）, 316.

(16) Lupe Fiasco, "Words I Never Said" in *Lasers* (Atlantic, 2011).

(17) Lupe Fiasco, "Obama Is a Terrorist" (www.theroot.com/lupe-fiasco-obama-is-a-terrorist-1790864288).

(18) "Jay-Z Discusses Rap, Marriage and Being a Black Man in Trump's America".

II　ヒップホップ・ナラティヴ

(1) "Battle for the Soul of Hip-Hop", *Newsweek*, Oct. 9, 2000.

(2) Russell Simmons, "Rapping at the Senate's Door", *The New York Times*, Aug. 3, 2001 (www.nytimes.com/2001/08/03/opinion/rapping-at-the-senates-door.html).

(3) Nelson George, *Hip Hop America* (New York: Penguin, 1998), 50.

(4) Eric B. & Rakim, "Follow the Leader" in *Follow the Leader* (Uni Records, 1988).

(5) Philip Lejeune, *On Autobiography*, Paul John Eakin, ed. Katherine Leary, trans. (Minneapolis: University of Minnesota Press, 1989).

(6) Crispin Sartwell, *Act Like You Know: African-American Autobiography and White Identity* (Chicago: University of Chicago Press, 1998), 161-162.

(7) George, 53.

(8) Malcolm X and Alex Haley, *The Autobiography of Malcolm X* ([1965], New York: Ballantine, 1992), 173-174.

(9) Malcolm X, 172.

(10) Kody Scott (Sanyika Shakur), *Monster: The Autobiography of an L.A. Gang Member* ([1993], New York: Penguin, 1994), 73.

(11) Scott, 117.

(12) Stanley Tookie Williams, *Blue Rage, Black Redemption: A Memoir* (Pleasant Hill, CA: Damamli Publishing

Company, 2004), 202. ウィリアムズはさらに、十五年後証言者が虚偽の証言を強要されたことを認めた声明書のコピーを同書に掲載している。

（13） Williams, 261.

（14） Williams, 302.

（15） "A Narrative of the Most Remarkable Particulars in the Life of James Albert Ukawsaw Gronniosaw, an African Prince, As Related by Himself"（1772）in *Pioneers of the Black Atlantic: Five Slave Narratives from the Enlightenment, 1772-1815*, Henry Louis Gates, Jr. and William L. Andrews eds.（Washington, D.C.: Civitas, 1998）, 40-41.

（16） Gates, *The Signifying Monkey*, 167-169.

（17） "Narrative of the Life of Frederick Douglass, an American Slave"（1845）in *Frederick Douglass*（New York: The Library of America, 1994）, 37-38.

（18） Michael Jackson, *Thriller*（Epic, 1982）.

（19） Michael Jackson, *Bad*（Epic, 1987）.

（20） Mary Antin, *The Promised Land*（[1912], New York: Penguin, 1997）, 1.

（21） いまのところラッパーたちの映画進出ばかりが目につくが、一方で例えばシスター・ソウルジャはラッパーから作家へ転身し、エッセイ集や長編小説をベストセラーにしている。ラッパーたちが年齢を重ねるにつれ、こうした文学への転身例も増えるであろう。

（22） Boogie Down Productions, "9mm Goes Bang" in *Criminal Minded*（B-Boy Records, 1987）.

（23） George, 46.

（24） KRS-One, "Outta Here" in *Return of the Boom Bap*（Jive Records, 1993）.

III　ピンプ・カルチャー

（1）　Kevin Powell, *Who's Gonna Take the Weight: Manhood, Race and Power in America* (New York: Three River, 2003), 64.

（2）　ピンプをテーマにラップするアーティストの代表格はトゥ・ショートである。その他、アイスT、アイス・キューブ、スヌープ・ドッグらも熱心にピンプについてラップし、ジェイZ、ネリー、50セントなど、人気ラッパーたちが、時にピンプをテーマに取り上げる例は枚挙に暇ない。また、本職のピンプ、例えばビショップ・ドン・〝マジック〟・ファンやピンピン・ケンらが、ヒップホップの録音にゲスト参加することも多い。

（3）　この光景は、一九九〇年代の低俗番組を代表する『ジェリー・スプリンガー・ショー』でよく見られた。一九八〇年代にはすでに『オプラ・ウィンフリー・ショー』などにピンプが登場することがあった。

（4）　Jay-Z, "Big Pimpin'" in *Life and Times of S. Carter* (Roc-A-Fella Records, 1999).

（5）　Ludacris, "Pimpin' All Over the World" in *The Red Light District* (Def Jam South, 2004).

（6）　Kitwana, 85-86.

（7）　Christina and Richard Milner, *Black Players: The Secret World of Black Pimps* (Boston: Little, Brown, 1972), 11.

（8）　Albert and Allen Hughes, dir. *American Pimp* (MGM, 1999; DVD 2000).

（9）　このような描写は映画『マック』（一九七三）や、後掲のドン・〝マジック〟・ファンの伝記で見られる。

（10）　George, 35-37.

（11）　Randolph Harris, *Trick Shot: The Story of a Black Pimp* (Los Angeles: Holloway House, 1974).

（12）　Malcolm X, 125.

(13) Milners, 33-37.

(14) 例えば、当時の人気コメディ・シリーズ、『オースティン・パワーズ』の三作目『ゴールドメンバー』(二〇〇二)で、主人公が乗り回す派手な車は"pimp car"と言及される。この表現は一作目(一九九七)と二作目(一九九九)にはなかったものであり、このことは五年のあいだにピンプのイメージが広く大衆の笑いを誘うものへと発展したことを示している。また、『ビー・クール』(二〇〇五)でヴィンス・ヴォーンが演じる、ならず者の音楽マネージャーは、その服装のせいでまわりの人々から「ピンプ」と呼ばれている。うわべだけのピンプを気取る彼の役柄は、あきらかにこの映画において「クール」ではない。

(15) Dennis Wepman, Ronald B. Newman and Murray B. Binderman, eds., *The Life: The Lore and Folk Poetry of the Black Hustler* (Los Angeles: Holloway House, 1976); Bruce Jackson ed., *Get Your Ass in the Water and Swim Like Me: African American Narrative Poetry from Oral Tradition* (New York: Routledge). ロビン・D・G・ケリーによれば、ラッパーたちは一九七〇年代のピンプ・ナラティヴのスタイルを引用することによって、伝統的な口承詩に敬意を払っている。Robin D. G. Kelley, *Yo' Mama's Disfunktional!: Fighting the Culture Wars in Urban America* (Boston: Beacon, 1997), 38.

(16) Too $hort, "Pimpology" in *Short Dog's in the House* (Jive Records, 1990).

(17) Jack Kerouac, *On the Road* ([1957], New York: Penguin, 1976), 81. ちなみに、『路上』の第3部1章では、二人組のピンプが運転する車にサルが乗り合わせる。このピンプの人種や車の車種については特に言及がない。デンヴァーからサンフランシスコへ向かう途中、ソルトレイクシティで、二人組のピンプは売春婦たちの仕事ぶりをチェックしている。(171)

(18) Iceberg Slim, *Pimp: The Story of My Life* (Los Angeles: Holloway House, 1969). 41.

(19) Iceberg Slim, "From a Steel Box to a Wicked Young Girl" in *The Naked Soul of Iceberg Slim: Robert Beck's Real Story* (Los Angeles: Holloway House, 1971), 37-38.

(20)　Milners, 243.

(21)　啓示を受ける瞬間については、ドン・ファンみずからの文章によって、*From Pimp Stick to Pulpit* の巻末に補遺として収録されている。ドンの説明によれば、酒とドラッグのやりすぎで朦朧となった彼の頭のなかで、「もうマリファナなんか捨てろ」という幻聴が突然聞こえてきたそうである。

(22)　Harris, 19.

(23)　Richard Majors and Janet Mancini Billson, *Cool Pose: The Dilemmas of Black Manhood in America* (New York: Touchstone, 1992), 87-88.

(24)　Ann Bromfield and Don Juan, *From Pimp Stick to Pulpit--"It's Magic": The Life Story of Don "Magic" Juan*, Katheryn L. Patterson ed. (New York: Vantage, 1994), 55-56.

(25)　Donald Goines, *Whoreson: The Story of a Ghetto Pimp* (Los Angeles: Holloway House, 1972), 58.

(26)　Milners, 236ff.

(27)　Kitwana, 101-102.

(28)　Majors & Billson, 87.

(29)　Patricia Hill Collins, *Black Sexual Politics: African Americans, Gender, and the New Racism* (New York: Routledge, 2004), 162.

(30)　bell hooks, *We Real Cool: Black Man and Masculinity* (New York: Routledge, 2004), 66.

Ⅳ　ヒップホップ・ムスリム

(1)　John Woo, dir. *Mission: Impossible 2* (Paramount, 2000).

(2)　*Rolling Stone*, Nov. 22, 2016 (www.rollingstone.com/music/music-features/dj-khaled-talks-snapchatting-sons-birth-how-muslim-faith-guides-him-104880/).

(3)　www.instagram.com/p/BP55ZnOAAjq/

(4)　ノース・カロライナの奴隷オマール・イブン・サイードがアラビア語で自伝を執筆したことが次の書で紹介されている。 Edward E. Curtis IV, *Muslims in America: A Short History* (New York: Oxford University Press, 2009), 23-24.

(5)　Hisham D. Aidi, *Rebel Music: Race, Empire, and the New Muslim Youth Culture* (New York: Vintage, 2014), 112-113.

(6)　Sylvia Chan-Malik, “Cultural and Literary Production of Muslim America” in *The Cambridge Companion to American Islam*. Juliane Hammer and Omid Safi, eds. (Cambridge: Cambridge University Press, 2013), 285.

(7)　Miyakawa, 15-17.

(8)　“What We Teach”. The Official Website of The Nation of Gods and Earths [archived] (web.archive.org/web/20051112015610/http://www.allahsnation.net/).

(9)　Inspectah Deck, “Show ‘N’ Prove” in *Uncontrolled Substance* (Loud/Relativity, 1999).

(10)　Mos Def, “Fear Not of Man” in *Black on Both Sides* (Rawkus/Priority, 1999).

(11)　H. Samy Alim, “A New Research Agenda: Exploring the Transglobal Hip Hop Umma” in *Muslim Networks from Hajj to Hip Hop*, Miriam Cooke and Bruce B. Lawrence, eds. (Chapel Hill, NC: University of North Carolina Press, 2005), 264.

(12)　Eric B & Rakim, “Casualties of War” in *Don’t Sweat the Technique* (MCA, 1992).

(13)　Rakim, *The Master* (Universal, 1999), *The Seventh Seal* (Universal, 2009).

(14)　Rakim, “Man Above” in *The Seventh Seal*.

(15)　Talib Kweli, “Around My Way” in *The Beautiful Struggle* (Rawkus/Geffen, 2004).

(16)　Lupe Fiasco, “Intro” in *Food & Liquor* (Atlantic, 2006).

(17) Udi Aloni, dir. *Junction 48* ([2016]; DVD Orchard, 2017).

(18) Su'ad Abdul Khabeer, *Muslim Cool: Race, Religion, and Hip Hop in the United States* (New York: New York University Press, 2016), 30.

(19) Robin Wright, *Rock the Casbah: Rage and Rebellion Across the Islamic World* (New York: Simon & Schuster, 2011), 127.

(20) Fun-Da-Mental, *All Is War: The Benefits of G-Had* (Five Uncivilised Tribes, 2006).

(21) Jennifer Maytorena Taylor, dir. *New Muslim Cool* ([2009]; DVD Specific Pictures, 2011).

(22) Wu-Tang Clan, "Never Let Go" in *A Better Tomorrow* (Warner, 2014).

索引

ア行

カ行

サ行

タ行

ナ行

マ行

ヤ行

ラ行

ワ行

初出一覧

Ⅰ　ヒップホップ・クロニクル　書き下ろし。

Ⅱ　ヒップホップ・ナラティヴ　『高崎商科大学紀要』第一六号（二〇〇一）掲載「ヒップホップ・ナラティヴ――アフリカ系アメリカ人の自己表現の伝統」に加筆・修正。マイケル・ジャクソンに関する叙述は『別冊宝島　マイケル・ジャクソン　栄光と悲劇のキング・オブ・ポップ』（二〇〇九、宝島社）掲載「〝自伝〟としてのマイケルの歌詞」を修正・再録。

Ⅲ　ピンプ・カルチャー　『アメリカ研究』第四〇号（二〇〇六、アメリカ学会）特集「暴力」掲載「ピンプ・カルチャー――ヒップホップ世代の歪んだマスキュリニティ」に加筆・修正。

Ⅳ　ヒップホップ・ムスリム　アメリカ学会第五一回年次大会（二〇一七、於早稲田大学）部会D「ヒップホップ・ムスリム――ポスト9／11、ポスト・オバマ時代の人種と信仰」での報告「ヒップホップにみる人種の混淆」の内容にもとづき執筆。

著者について――

金澤智（かなざわさとし）　一九六五年、東京都に生まれる。早稲田大学大学院文学研究科英文学専攻修士課程修了。専攻、アメリカ文化・比較文化。現在、高崎商科大学商学部教授。主な著書に、『アメリカ映画とカラーライン――映像が侵犯する人種境界線』（水声社、二〇一四年）、『アメリカの旅の文学――ワンダーの世界を歩く』（共著、昭和堂、二〇〇九年）、『ヘンリー・ミラーを読む』（共著、水声社、二〇〇八年）、主な訳書に、ヘンリー・ミラー『冷暖房完備の悪夢』（二〇一九年）、『マルーシの巨像』（二〇〇四年、ともに水声社）などがある。

装幀——宗利淳一

ヒップホップ・クロニクル

――時代を証言するポピュラー文化

二〇二〇年一二月一五日第一版第一刷印刷　二〇二〇年一二月二五日第一版第一刷発行

著者――金澤智

発行者――鈴木宏

発行所――株式会社水声社

東京都文京区小石川二―七―五　郵便番号一一二―〇〇〇二

電話〇三―三八一八―六〇四〇　FAX〇三―三八一八―二四三七

［**編集部**］横浜市港北区新吉田東一―七七―一七　郵便番号二二三―〇〇五八

電話〇四五―七一七―五三五六　FAX〇四五―七一七―五三五七

郵便振替〇〇一八〇―四―六五四一〇〇

URL : http://www.suiseisha.net

印刷・製本――ディグ

ISBN978-4-8010-0531-0

水声文庫

映画美学入門　淺沼圭司　四〇〇〇円
制作について　淺沼圭司　四五〇〇円
宮澤賢治の「序」を読む　淺沼圭司　二八〇〇円
昭和あるいは戯れるイメージ　淺沼圭司　二八〇〇円
物語るイメージ　淺沼圭司　三五〇〇円
平成ボーダー文化論　阿部嘉昭　四五〇〇円
幽霊の真理　荒川修作・小林康夫　三〇〇〇円
『悪の華』を読む　安藤元雄　二八〇〇円
フランク・オハラ　飯野友幸　二五〇〇円
映像アートの原点　一九六〇年代　飯村隆彦　二五〇〇円
バルザック詳説　柏木隆雄　四〇〇〇円
アメリカ映画とカラーライン　金澤智　二八〇〇円
三木竹二　木村妙子　四〇〇〇円
ロラン・バルト　桑田光平　二五〇〇円
危機の時代のポリフォニー　桑野隆　三〇〇〇円
小説の楽しみ　小島信夫　一五〇〇円
書簡文学論　小島信夫　一八〇〇円
演劇の一場面　小島信夫　二〇〇〇円
零度のシュルレアリスム　齊藤哲也　二五〇〇円
実在への殺到　清水高志　二五〇〇円
マラルメの〈書物〉　清水徹　二〇〇〇円
美術・神話・総合芸術　白川昌生　二八〇〇円
美術館・動物園・精神科施設　白川昌生　二八〇〇円

西洋美術史を解体する　白川昌生　一八〇〇円
贈与としての美術　白川昌生　二五〇〇円
美術、市場、地域通貨をめぐって　白川昌生　二八〇〇円
戦後文学の旗手中村真一郎　鈴木貞美　二五〇〇円
シュルレアリスム美術を語るために　鈴木雅雄・林道郎　二八〇〇円
サイボーグ・エシックス　高橋透　二〇〇〇円
(不)可視の監獄　多木陽介　四〇〇〇円
マンハッタン極私的案内　武隈喜一　三二〇〇円
黒いロシア白いロシア　武隈喜一　三五〇〇円
魔術的リアリズム　寺尾隆吉　二五〇〇円
桜三月散歩道　長谷邦夫　三五〇〇円
マンガ編集者狂笑録　長谷邦夫　二八〇〇円
マンガ家夢十夜　長谷邦夫　二五〇〇円
未完の小島信夫　中村邦生・千石英世　二五〇〇円
転落譚　中村邦生　二八〇〇円
オルフェウス的主題　野村喜和夫　二八〇〇円
越境する小説文体　橋本陽介　三五〇〇円
ナラトロジー入門　橋本陽介　二八〇〇円
カズオ・イシグロ　平井杏子　二五〇〇円
カズオ・イシグロの世界　平井杏子＋小池昌代＋阿部公彦＋中川僚子＋遠藤不比人他　二〇〇〇円
カズオ・イシグロ『わたしを離さないで』を読む　田尻芳樹＋三村尚央＝編　三〇〇〇円
カズオ・イシグロと日本　田尻芳樹＋秦邦生＝編　三〇〇〇円
「日本」の起源　福田拓也　二五〇〇円
〈もの派〉の起源　本阿弥清　三二〇〇円
絵画との契約　山田正亮再考　松浦寿夫＋林道郎他　二五〇〇円
現代女性作家の方法　松本和也　二八〇〇円
現代女性作家論　松本和也　二八〇〇円
川上弘美を読む　松本和也　二八〇〇円
太宰治『人間失格』を読み直す　松本和也　二五〇〇円
ジョイスとめぐるオペラ劇場　宮田恭子　四〇〇〇円
福永武彦の詩学　山田兼士　二五〇〇円
魂のたそがれ　湯沢英彦　三二〇〇円
金井美恵子の想像的世界　芳川泰久　二八〇〇円
歓待　芳川泰久　二二〇〇円

［価格税別］